不寛容の時代
ボクらは『貧困強制社会』を生きている

はじめに

「なぜ貧困問題を取材するの？」。最近、ある知人からそう聞かれた。

せっかく記者になったのだから、声を上げる手立てを持たない人、声を上げる余裕のない人、自分のことをうまく伝えられない人、そんな立場の人たちの声を伝えたい。だって、企業は広報組織を持ってるし、政治家は選挙なんかを通していくらでも自分の考えを発信できるでしょ――。

私はそう答えた。

北海道新聞社を退社する直前の二〇〇〇年代なかばのころ。郵政民営化に揺れる郵政職場を取材する機会があった。最初は民営化に伴って過重労働やノルマ営業の負担が重くなっていく「本務者」に話を聞いた。当時は正社員のことを本務者と呼んでいた。次いで主な取材先が非正規社員である「ゆうめいと」へと移っていく。彼らは本務者と同じ仕事をこなしながら、年収は半分以下、あるいは三分の一程度だった。

続いて私が関心を持ったのは、郵便局からの委託を受けて荷物の配送や集荷する個人事業主たち。彼らの労働環境は本務者やゆうめいと以上に劣悪だった。今でいうところのワーキングプア状態の人たちが大勢いたのだ。

弱者、強者というい方をするなら、私は記者としていつも、より弱い立場の側にいる人たちの声を拾ってきた気がする。それを「なぜか？」と聞かれると、これはもう自分でも説明のしようがない。

ただ貧困や労働の問題について取材、執筆を続けていると「否定的なことばかり書かないで、社会のいい面も書いて」「成功者の話も書いてバランスが取るべきだ」といった指摘を受けることもある。正直、心底どうでもいいと思ってしまう。そんなことは私が書かなくても、国や企業が放っておいても発信するし、あるいは成功者自身がいくらでも自分で書くだろう。

私は、富める者が先に豊かになれば、その後貧しい者にも自然に富がこぼれ落ちていくという「トリクルダウン」という考え方を、〝二万％〟あり得ないと思っている。これは、長年、労働や貧困問題を取材してきたことによってたどり着いた確信だ。

では少しでも社会をよくしようと思ったら、どうするのか。これはもう「ボトムアップ」しかないのではないか。少しでも貧困のリアルを伝えること。私が貧困問題について書き続ける理由は、もしかしたらこのあたりにもあるのかもしれない。

本書は二〇一六年六月から、東洋経済オンラインに掲載している連載「ボクらは『貧困強制社会』を生きている」より転載、加筆したものである。

貧困や困窮状態に陥る背景にはどのような構造的、社会的な問題があるのか、あるいはどんな制度や福祉があればこぼれ落ちる人が少なくなるのか。そんなことについてもできるだけ紙幅を割いたつもりだ。

目次

使い捨てられるアルバイト、契約社員、派遣社員たち

貧困の背景には、働き方の問題がある

私が初めて非正規労働者の実態について取材をしたのは、二〇〇〇年代の初め。北海道新聞の記者をしていたときのことだ。派遣労働者の理不尽な働かされ方をテーマにした「派遣さんと呼ばないで」という連載や、札幌市が誘致したコールセンターで働く人々のほとんどが不安定な非正規雇用であるといった問題について記事を書いた。

今振り返っても着眼点は悪くなかったと思う。しかし、当時は一部の読者から「私たち派遣社員をかわいそうな存在として描かないでほしい」といった感想が寄せられたほか、北海道新聞社内の社員向け冊子には「コールセンターが雇用の創出にも貢献している観点が欠けている記事」といった批判をされた。二〇年前、「非正規雇用」「派遣労働」という言葉が今ほど一般的ではなかったころの話である。

非正規労働者が増えた背景と問題点

非正規労働者が増えたきっかけは、そのときよりさかのぼること五年あまり。バブル景気崩壊後の一九九五年に、当時の日本経営者団体連盟（日経連）が発表した報告書「新時代の『日本的経営』」にあった。報告書には、「長期継続雇用の重視を含んだ柔軟かつ多様な雇用管理制度」を、企業と労働者が互いの意

思を確認しながら運営していくという旨が記載されていた。とても素晴らしい方針のように聞こえる。

ところが当時、消費税増税や相次ぐ金融機関の破綻などによる不況にあえいでいた企業側は、日経連のお墨付きを得たとばかりに人件費の削減にはしった。結局、増えたのはパートやアルバイト、派遣社員といった非正規雇用労働者。同報告書内で、自由な働き方として提言された雇用形態のひとつ「雇用柔軟型グループ」は、低賃金で細切れの契約更新を繰り返す非正規労働者がほとんどを占める結果となった。

責任は経済界だけにあるわけではない。当時は一部のメディアも日経連の報告書について、「働き方を自分で選べる」「個々人のニーズに合った雇用で余暇や趣味を楽しめる」など、あたかもバラ色の働き方が待っているかのような報道にはしった。また、連合や全労連といったナショナルセンター（労働組合の全国中央組織）も「正社員の雇用を守る」という従来の方針にこだわるあまり、増え続ける非正規雇用労働者には長らく冷淡だった。

そして現在。

総務省の労働力調査によると、二〇二〇年における雇用者全体に占める非正規労働者の割合は三七・二%となった。いまや雇用者の五人に二人が、パートやアルバイト、契約社員、派遣社員など契約期間に定めのある非正規労働者として働いていることになる。「新時代の『日本的経営』」が公表された当時、非正規労働者の割合は約二〇%だった。この四半世紀、非正規労働者は異常なスピードで増加の一途をたどってきた。

そもそもなぜ非正規雇用という働き方は問題なのか。

よく正社員と比べて賃金水準が低いことや、扶養手当や住宅手当といった諸手当がないこと、昇給やボーナス、退職金がないこと、社会保険がないといった指摘がなされる。たしかに今は非正規労働者といっても、正社員とほとんど同じ仕事をしているケースや、自身の収入で家計を支えているケースも少なくない。理不尽な格差は、即理不尽な貧困に結びつく。

一方で私は、非正規雇用の最大の問題は「働き続けられる保障がないこと」なのではないかと思う。

例えば、首都圏で派遣社員として働く場合、時給一五〇〇円前後という待遇も珍しくないので、働けているうちは月収二五万円前後と、それなりの水準の収入になる。しかし、数カ月ごとに契約更新を繰り返す細切れ雇用では、将来の計画など立てようがない。五年後、一〇年後の未来も描けないような働かされ方はＩＬＯ（国際労働機関）が実現を目指す「ディーセントワーク（働きがいのある人間らしい仕事）」とは到底いえないのではないか。

私を含め世の中の多くは「飛びぬけた才能があるわけではないけれど、普通に努力をする人々」である。天才や秀才と呼ばれる人や、強運に恵まれる人は極一握りにすぎない。多くの「普通の人々」にとって、五年後、一〇年後に同じ職場で働けているか分からない、どの程度の収入があるのか予想もできないような暮らしの中で、結婚や子育て、住宅購入、老後といった将来を語ることは難しい。

最近、本書に収めた連載「ボクらは『貧困強制社会』を生きている」（以下、本連載）の取材で話を聞いた二〇代の男性と、非正規雇用の是非をめぐって議論になったことがある。この男性は初めて就いた仕事から現在に至るまで、すべてアルバイトや派遣といった非正規労働者として働いてきた。しかし、この男性は「非正規はいわれているほど悪くない」と言うのだ。

「住み込みのリゾート派遣ではいろんな人と仲良くなれました。家賃がかからなかったり、朝晩の弁当が出たりした派遣先もあります。（派遣先のひとつだった）温泉宿では、年末年始バリバリ働いて一週間でチップ込みで二〇万円稼いだこともあります」

おそらくこの男性はどこの職場でも優秀なスタッフとして重宝されてきたのだと思う。ただ彼は新型コロナウイルスの感染拡大以降、二回も路上生活を経験している。住み込み派遣は雇い止めになれば、即住まいからも追い出される不安定極まりない働かされ方だからだ。短期間で二〇万円を稼いだのが事実だとしても、こんなにしょっちゅう路上に放り出されるような働き方がまともといえるだろうか。

このケースは少し極端かもしれない。とはいえ、瞬間的にそれなり稼げることと、継続的に働けること、どちらを取るか（これ自体が究極の選択ではあるが……）。そう聞かれたら、私は後者を選ぶ。もちろん「適正な賃金や福利厚生の水準」と「安定した身分」は車の両輪でなくてはならない。ただ、貧困の現場を歩いていると「寮完備」「月給〇円保障」など、言い方は悪いが刹那的な条件に引っ張られ、あたかもそれが優れた雇用であるかのように思っている人が多いように思う。

身分が安定してクビになるリスクが減れば、賃金や福利厚生の水準は後からでも会社と交渉していくことができる。まずはいつ失業してホームレスになるか分からない不安と隣り合わせのような働かせ方は、政治が、企業が、社会が責任を持って一掃するべきだ。

物言わぬ労働者

非正規雇用の拡大が生み出すもうひとつの弊害。それは「物言わぬ労働者」を増やすことである。

私がかつて取材で話を聞いたある非正規労働者の女性は、職場内のセクハラを告発したことで雇い止めにされた。この女性自身が被害に遭ったのではなく、同じ非正規労働者の後輩が正社員の男性上司からセクハラをされたことを社内で告発したというケースだった。

セクハラは職場の飲み会の席で女性に強引に迫るという、言い逃れのできない行為だったので、加害行為自体はすぐに認められ、上司は処分を受けた。ところがその一年後、今度はセクハラを告発した女性が雇用契約の更新をされなかったのだ。

この女性は勤続一〇年ほどで、教育研修の講師も任されるほど優秀な人材だった。彼女は取材に対し「それまで何の問題もなく契約更新されてきました。突然の雇い止めはセクハラを告発したこと以外、理由が思い当たらない」と憤った。

女性にとって一番つらかったこと。それはこうした職場の空気を読んだのか、彼女が身を挺して守ったはずの後輩女性からも、最後は距離を置かれてしまったことだという。

もうひとつ事例を挙げよう。

私が北海道新聞記者時代、札幌市内の特別養護老人ホームで一部の職員が、認知症の入居者を虐待するという事件があった。虐待を見かねた二人の非正規雇用の女性職員が、加入していた地域のユニオンを通して告発。所管の札幌市に施設に対して適正な指導をするよう申し入れたのだ。

ところが、施設側は虐待を否定。告発をした二人の女性職員にさまざまなパワハラを繰り返した挙句、名誉棄損で提訴までした。今でいうところのスラップ訴訟のはしりである。スラップ訴訟とは、恫喝訴訟、口封じ訴訟という意味。ちなみに一連の裁判では、女性たちの告発をもとに虐待事件を報道した私自身も名誉棄損で提訴された。

裁判は元職員や入居者家族らの証言もあり、地裁、高裁、最高裁ともに女性職員たちが勝訴した。もちろん私も勝った。

一方でこの間、施設内で何が行われていたか。施設側は告発をした女性職員たちの同僚や後輩を次々と正規職員に〝昇格〟させる一方で、彼女たちのことを最後まで非正規職員のまま据え置いたのだ。口をつぐめば正規職員にしてやるといわんばかりやり方で、施設側は職員たちにプレッシャーをかけたのである。

取材においても、そんな空気は感じていた。問題が発覚した当初は、匿名という条件ではあったものの

「虐待行為を見たことがある」と話してくれていた職員が何人もいたのに、彼らは正規雇用に切り替わると同時に私の電話に出なくなった。

裁判などすべてに決着がついた後。内部告発した女性職員の一人が語ったことが、今も忘れられない。「（施設からの）パワハラは何とか耐えることができました。でも、それまで仲がよかった同僚や後輩が次々と正規職員になり、私たちに対してよそよそしくなっていったことだけは、本当につらかった」。

非正規労働者がセクハラを告発すると雇い止めに遭う。職場の不祥事に目をつむらないと正規雇用になれない——。こんなことがまかり通っていては、「物言わぬ労働者」が増えるのも当たり前だ。

非正規雇用とはいえ、今はその人の収入で家計を支えているというケースが多い。会社や組織の〝分断工作〟に転ぶような人間は卑怯かもしれないが、自らの暮らしを守るために口をつぐんだ彼らのことを、私はどうしても責めきれない。

企業や組織の中で不正を告発する人のことを、英語で「ホイッスルブロワー（警笛を吹く人という意味）」という。警笛をきっかけに不祥事が明らかになり、正しい方向に軌道修正することもできる。本来、企業や組織は「物言う労働者」に対して感謝するべきなのだ。

増える物言わぬ労働者——。これは自らにとっても大きな損失であることを、企業や組織は自覚したほうがよい。

非正規労働者の不合理な待遇格差に対する戦い

一方で非正規労働者の増加と格差の拡大に歯止めをかけようとする動きもあった。

二〇一二年に成立、翌一三年四月に施行された改正労働契約法である。改正のポイントは①非正規雇用労働者が通算五年を超えて契約更新した場合、期間に定めのない無期雇用への転換を求めることができる「無期転換ルール」（一八条）②契約更新を繰り返してきた非正規労働者などを対象にした「雇い止め法理」の法定化（一九条）③非正社員と正社員との間の「不合理な待遇格差」の禁止（二〇条）——の三つ。現在、二〇条は働き方関連法の成立に伴い、パートタイム・有期雇用労働法に統合された。

一八条の無期転換ルールは、先述した「働き続けられる保障」を目指したものだ。二〇条は要は「同一労働同一賃金」のことである。そしてこの無期転換ルールと、不合理な待遇格差禁止については、全国で労働者による裁判が相次いだ。ただ私が取材する限り、判決は働き手側に不利な内容が続いているようにみえる。

まず無期転換ルールをめぐる攻防。

二〇一八年四月、流通大手の日本通運で有期雇用契約を結んでいた女性が「雇い止めは無期転換逃れ」だとして同社に従業員としての地位確認などを求める訴訟を起こした。しかし、東京地裁（伊藤由紀子裁判長）は二〇二〇年一〇月、女性側の主張を退けた（二〇二一年六月現在、係争中）。

このケースでは、日本通運は改正労働契約法成立後に「雇用契約は通算して五年を超えて更新することはない」という文言を新たに雇用契約書に加えている。無期転換逃れと言われても仕方ない行為だ。そして女性は無期転換ルールが発効する直前の二〇一八年三月に雇い止めにされた。こんな〝後出しじゃんけん〟がまかり通るはずがないと思っていたのだが、司法の判断は違ったようだ。

二〇一八年三月当時、全国ではこの女性と同じように雇い止めに遭う非正規労働者が続出した。非正規労働者の身分を安定させるための法改正が、無期転換逃れのための〝駆け込み雇い止め〟のような事態を招いてしまったわけだ。ある働き手は「非正規労働者に対するジェノサイドだ」と怒りをあらわにしていた。

続いて不合理な待遇格差について。

これまでに長澤運輸やハマキョウレックス、メトロコマース、大阪医科薬科大学、日本郵便などの非正規労働者が格差是正を求めて裁判を起こした。

結論から言うと、住宅手当や扶養手当、病気休暇などの手当が焦点となった裁判では、格差は不合理という判断がなされることが多かったが、労働者にとっては〝本丸〟でもある基本給やボーナス、退職金で是正を認めた最高裁判決はない。

先にあげた会社や組織の非正規労働者はいずれも正規労働者とまったく同じ、もしくはほとんど同じ仕事をしていた。にもかかわらず、なぜ基本給やボーナス、退職金は認められなかったのか——。

例えば、東京メトロの駅構内の売店で働く契約社員の女性四人が、同じく売店業務に就く正社員との待遇格差は不当だと訴えたメトロコマース裁判。少し長くなるが、日本の「同一労働同一賃金」がいかにまやかしであるかがわかる事例なので、お付き合い願いたい。


私が取材で見聞した売店業務は過酷だった。

仕事中は立ちっぱなし。早番、遅番もあるし、夏場の店内は気温三〇度を超えることもある。基本的に一人態勢なのでトイレに行くことができず、膀胱炎になる人もいる。商品の発注や売上金の計算といったコアな業務も担う。車輪とレールの摩擦によって飛散する鉄粉のせいで、一日の仕事を終えると鼻の穴は真っ黒になるという。

非正規労働者はだれでもできる生産性の低い仕事をしている、と思ったらまずその認識を改める必要がある。提訴当時、原告の一人は取材に対してこう話していた。

「朝はできるだけ水分を取らないようにしますし、一人態勢なので風邪をひいたくらいでは休めません。急いでいるお客さまも多いので、臨機応変な判断力と高いコミュニケーション能力が求められる仕事です」

こうした普段の職務内容において、契約社員と正社員の間にまったく違いはない。にもかかわらず契約社員は一〇年前後勤めても、毎月の手取りは一三万円ほど。退職金を含めた賃金の総額は正社員の半分にも満たないという。このあんまりな格差を前に、彼女たちは裁判に踏み切ったのだ。

ではなぜ日本の司法は、格差は不合理ではないという結論を導き出すに至ったのか。それは同一賃金同一労働を法制化したパートタイム・有期雇用労働法のつくりにある。同法は①職務内容②職務内容と配置の変更範囲③その他の事情――の三点の実態に照らして不合理な待遇格差があってはならないとしている。

これを受け、最高裁は職務内容については、正社員はエリアマネージャー業務に就くこともあるので一定の相違があるとしたほか、職務内容と配置の変更範囲についても、正社員は売店以外の部署に異動する可能性もあるので一定の相違があるとし、ゆえに格差は不合理ではないと判断したのだ。

要は「実際にやっている仕事は同じだけど、将来就くかもしれない仕事が違うでしょ。だから格差があっても許される」という考えである。

百歩譲って「一定の相違」はあるとしよう。しかし、それで退職金ゼロはあんまりではないか。なぜこのようなアンバランスがまかり通るのか。それは日本の同一労働同一賃金を測る基準が客観性に乏しいからだ。厚生労働省によるガイドラインやマニュアルには、「業績・成果」「勤続年数」「人材代替性」「革新性」など主観的・抽象的な項目が目立つ。企業側が悪意を持って配置転換や細切れ雇用などを行えば、裁量次第でどうとでもなる。

一方でＩＬＯ（国際労働機関）は同一労働同一賃金かどうかを判断する際は、働き手がこなした職務について「知識・技能」「責任」「負担」「労働環境」の要素から点数化することを推奨している。

このような国際基準のように仕事に対する客観的・具体的な評価に基づくのではなく、企業の裁量で判断できる余地が大きい。それが「日本型同一労働同一賃金」である。そして企業側の裁量に最大限の配慮をしてみせたのが、メトロコマースの判決だった。

二〇二〇年一〇月、最高裁判決から数日後。ゆっくり話を聞こうと、メトロコマース訴訟の原告の一人とランチを食べた。すでに会社を定年退職していた彼女はこう言って怒った。

「私、今はチラシ配りをやっているんです。一日二万歩、歩くこともあります。今日も車にはねられそうになりましたよ。でも、働かないと食べていけませんし、家賃も払えませんから」

チラシ配りの仕事は雇用契約ではなく、個人事業主としての業務委託契約だという（この働かせ方自体、脱法的なのだが）。時給に換算すると最低賃金を下回ることもあるが、年齢のことを考えると仕事を選んでいる余裕はない。生きていくためには働かざるをえない。

「非正規差別は死ぬまで続くんです」

働き方の劣化、怒らない労働者

せっかく非正規労働者の増大や格差の拡大に歯止めをかける法律ができたのに、日本の司法がその趣旨を次々と骨抜きにしていく一方で、最近は「怒らない労働者」も増えたと感じる。

本連載の取材でも、突然賃金を下げられても、社会保険に加入させてもらえなくても、一方的にクビを宣告されてもなにひとつ抵抗することなく受け入れる人たちが多いことに驚く。

「ユニオンなどに相談して周囲に迷惑をかけたくない」

「住み込み派遣でも仕事があるだけありがたいです」

「最初からそういう約束で働き始めたので、後から文句をいうのはルール違反だと思います」

すべて実際に取材で聞いた言葉である。

彼らが怒らないのは、ひとつには労働関連法令を知らないということがある。最近は自身の雇用形態が分からないと答える人も少なくない。また、法律の知識とは別に、「労働者と企業の力関係は対等ではない。その力の差を埋めるためにつくられたのが労働関連法令である」という法整備の歴史的な経緯が共有できない人もいる。そういう人たちは労働者個人と会社は対等だと思っているから「正社員になって辞めると会社に迷惑がかかるので、アルバイトのままでいいです」とか、「いったん契約をしたんだから、後から文句を言うのは会社に申し訳ない」とか、悪徳経営者が聞いたら、陰でほくそ笑みそうなことを言う。

対等であろうするあまりこんな発想になってしまうのか。最近、話を聞いた二〇代の男性は「経営者の目線に立つと、正社員を雇う企業のリスクも理解できる。そもそもすべての企業が法律を遵守していたら、日本の経済は立ちゆかなくなる」と持論を展開していた。しかし、この男性自身は社長でも、ＣＥＯでもない。むしろ非正規労働者として労働搾取の被害に遭ってきた側の人である。なぜそんな人間が経営者目線に立つのか――。私にはなかなか理解できないのだが、ただ同じような主張に出合うのは決して珍しくない。

一方で法律面の知識があってもなお怒らない人もいる。それは大きく分けてふたつ。「波風を立てたくないタイプ」と「自己責任論の内在化タイプ」である。

波風を立てたくないタイプの典型として、あるユニオンの関係者からこんな話を聞いた。「ユニオンに相談まではくるのですが、会社と交渉するのは嫌だといってそのまま帰ってしまう人が増えています。闘えば確実に勝てるケースなのに、『会社に内緒で何とかならないか』と言われ、さすがにそれは無理ですと伝えたら、『じゃあいいです』と帰ってしまう……」。権利を行使することに受動的な人が増えた――。このユニオン関係者はそう言っていた。

一方、自己責任論の内在化タイプ。「才能がないならないなりに努力をするべきです」「責任はすべて選択した自分にあります」。本連載を通し、こんなふうに話す人には数えきれないほど出会ってきた。

とはいえ毎日まじめに働いても、貧困に陥ってしまうような暮らしでは、労働関連法などを学ぶ余裕はないし、ましてやユニオンに加入したり、裁判を起こしたりするリスクなどは負えないのかもしれない。自己責任論の内在化もある意味、自分を鼓舞し、肯定するための彼らなりの方法なのかもしれないと思う。

一方で私が本連載の中で唯一厳しく批判せずにはいられなかった人たちがいる。それは、ユニオンに加入したり、裁判で闘ったり、最低賃金アップを求めるデモに参加したりする、私に言わせると「正しく怒っている労働者」を揶揄したり、冷笑したりする人たちだ。「職場の輪を乱して、権利ばかり主張するべきではない」という筋違いの指摘や、「ああいうデモの背後には怪しげな団体が紐づいている」などという陰謀論めいた主張に出くわすと、さすがにうんざりする。そういうことを言う人に限って自身が悪質企業で理不尽な要求にこたえたり、長時間労働に耐えてきたりしてきたことを武勇伝のように語ったりするから始末が悪い。

働き型の劣化が止まらない。

本当はこんなときにこそ労働組合に頑張ってほしいのだが、依然として正社員が中心の既存労組はいまだ十分に存在感を発揮しているようには思えない。学校教育の過程で労働関連法令について教えるという取り組みも少しずつ進んではいるものの、効果が出るにはいま少し時間がかかりそうだ。

そうこうしているうちに最近は、実態は労働者なのに契約上は個人事業主という「名ばかり個人事業主」や、プラットフォームといわれるネット上の仲介サイトから仕事を受けて働く「プラットフォームワーカー」「ギグワーカー」と呼ばれる働き手も増えてきた。

プラットフォームワーカーの典型は、コロナ禍において急増したといわれるウーバーイーツの配達員である。名ばかり個人事業主もプラットフォームワーカーも労働者ではないので、労働基準法が適用されない。このため非正規労働者以上に劣悪な環境で働かされる恐れがある。

貧困の背景には、働き方の問題があるのに。絶望的なまでに不合理な待遇格差が止まらない。

手取り一五万円を超えられない四七歳男性の深い闇

三〇歳から非正規雇用の仕事を転々としてきた

30歳を過ぎてから、非正規雇用の仕事を転々としてきたケンタさん。努力・自己研鑽のうえ、働き続けられると思っても、雇い止めの繰り返し。彼の「社会への恨み」とは
(筆者撮影)

自己肯定感なんてゼロ

「非正規労働者の「非」も、就職氷河期の「氷」も。これらの字を目にするだけで苦痛だと、ケンタさん(仮名、四七歳)は言う。ただただ怒りや悲しみ、虚しさが募るのだと。

三〇歳を過ぎてからは、非正規雇用の仕事を転々としてきた。「努力も、自己研鑽もしました。でも、ここなら働き続けられると思ったら、雇い止め――。これの繰り返しです。(手取りで)一五万円の壁が超えられない。自己肯定感なんてゼロです。自己責任というなら、お願いですから、誰か二〇万円稼げる方法を教えてくださいよ」。

三〇歳のとき、大手飲料メーカーの子会社に契約社員として入社。営業を担当し、自家用車でスーパーなどを回った。しかし、一日に何度も重いケースを上げ下ろししなければならず、椎間板ヘルニアを発症。五年足らずで雇い止めにされた。

しばらくアルバイトで食いつないだ後、別の大手飲料メーカー子会社に就職。雇用条件は「三年更新の契約社員で、三カ月空けて再契約することができる。正社員登用あり」だった。腰の調子もよく、「定年まで働き続けるつもりでした」。しかし、折あしくリーマンショックに遭遇。一回目の期間満了前に「次の更新はない」と告げられた。このとき、上司はケンタさんにこう説明したという。

「コンビニとか、タクシーとか、便利なものは高いでしょ。君たちの給料が高いのは、短期間だけど、その間にちゃんと稼いでもらうためでもあるんですよ」

最初は意味がわからなかった。しかし、後になって「お前たちは使い捨てできる便利な労働力だから、その分、高い給料を払っているんだ」という意味だと理解した。「いずれ路頭に迷うのかと思うと、仕事への意欲が失せました。給料ですか？　自家用車の維持費を含めて二九万円くらい。言われるほど高給じゃありません」。

そもそも、会社はケンタさんを本当に雇い続ける気があったのか。「三カ月空けての再契約」は、非正規労働者をいつでも雇い止めにできるようにしたい会社の典型的な手口だ。ましてや正社員になれた人などいるのだろうか。私がそう尋ねると、ケンタさんはこう答えた。「過去一〇年間で、全国の契約社員の中から一人だけ正社員になった人がいると聞いています。毎日早朝から夜遅くまで残業する、伝説の契約社員として有名な人でした」。

このときの雇い止めが原因で、ケンタさんはメンタル不調に陥ってしまう。病院で、うつ病と診断された。さらに、別の大手飲料メーカー子会社の契約社員になったが、うつ症状がぶり返し、一年もたなかったという。

食べていけるだけの給料が欲しかった

その後は大手自動車メーカー系列の販売店で、洗車を担当するパート社員になった。ここでは、まじめな仕事ぶりもあり、正社員との関係も良好だった。顧客から洗車が丁寧だと感謝されると、整備士たちは必ずそれをケンタさんの耳にも入れてくれたという。

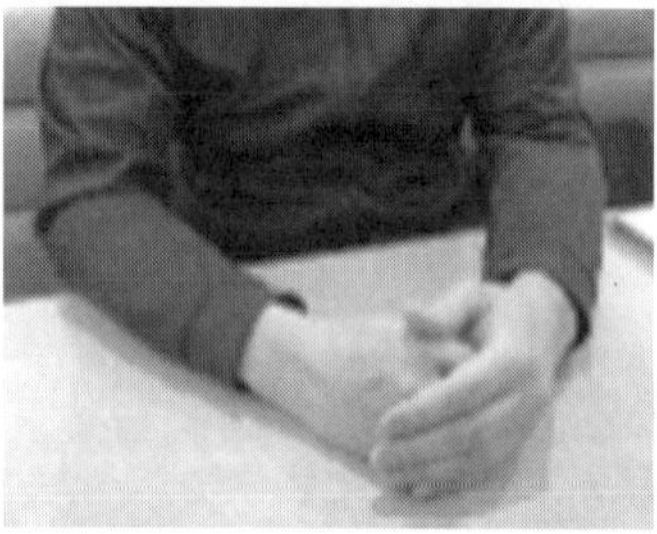

洗車で働き続けたかったが、食べていけるだけの給料をもらえず、悩んだ末に退職したケンタさん（筆者撮影）

問題は給料の低さだった。毎月の手取りは一四万円ほど。年末年始やゴールデンウィークなどの大型連休時に店舗が休みになると、手取りは一〇万円を切ることもあったという。

とても暮らしていけない――。大型連休中に数日でいいから、別の年中無休の系列店で働かせてもらえないかと、上司に直談判したが、色よい返事はもらえなかった。やむをえず、パン工場でアルバイトを始めたが、洗車は基本中腰、パン工場は常時立ちっぱなしということもあり、体がもたなかった。しんどさのあまり、アルバイトを辞めてみたら、危うくその月の家賃を滞納しかけたという。

体がボロボロになるまでダブルワークをするか、家賃を滞納してでも洗車一本でいくか――。悩んだ末、洗車の仕事を辞めて別の仕事を探すことにした。

「働き続けたかったです。仕事は評価されていたと思います。辞めると言ったとき、上司は引きとめてくれましたから。だったら、食べていけるだけの給料が欲しかった……。パートは、事務職も、洗車担当者も、みんな同じような待遇でした。以前、パートが何人か集まって、給料を上げてほしいと、上司と交渉していたのを見たこともあります」

その後、ハローワークで一年更新で六〇歳定年という仕事を見つけたので、面接を受けたところ、その場で契約期間は最長五年と告げられた。ケンタさんは、五年を超えて働くと、無期雇用になれるという労働契約法一八条について知っていた。面接官にも、ハローワークの担当者にも「この条件はおかしいのでは」と訴えたが、いずれからも聞き流されて終わりだったという。

もともとかかりつけの精神科医からは「まだ仕事をするのは早い」と止められていたところを、将来への不安と焦りから、無理をして就職活動をしたのだった。定年まで働けると期待して応募したのに「いつ捨てられるかわからない」と思うと、再びメンタルが悪化。ここでは二カ月ももたなかった。

これが、ケンタさんの三〇歳以降の〝キャリア〟である。ケンタさんが正社員なら、腰痛やうつ病で即失業ということはなかっただろう。また、「三カ月空けての再契約」や「五年で雇い止め」は、会社による脱法行為である。

新しい働き口はすぐに見つかるわけではなかったから、断続的に生活保護も利用してきた。「生活保護をもらうのは恥ずかしいという気持ちはあります。でも、もっと恥ずかしいのは、目いっぱい働いても、身体的、精神的に限界まで働いても、収入が生活保護（水準）に届かないことです」とケンタさんは言う。

ところで、ケンタさんは三〇歳になるまで、何をしていたのだろう。

ケンタさんの父親は、東京都内で小さな会社を経営していた。ケンタさんは高校卒業後、電気設備工事の施工図などを書く仕事に就いており、二五万～三〇万円ほどの月収を得ていた。しかし、そのころ、父親の会社の資金繰りが悪化。両親から頼まれるまま、給料のほとんどを手渡し、さらには消費者金融から借金もした。しかし、結局会社は倒産。ケンタさんに残されたのは、四〇〇万円を超える借金だった。「お金の無心をしてくるのは、いつも母でした。私が借金の額を尋ねても『お母さんを信じてくれればいいから』『これで最後。これで何とかなるから』と言うばかりで……」

終わりの見えない借金地獄に、ケンタさんは勤怠が不安定になり、そのたびに転職を繰り返した。結婚するつもりで付き合っていた女性とも、借金が原因で別れたという。不幸な環境だとは思うが、断るべきは断らないと、会社を転職しても、問題は何一つ解決しなかったろう。貧困の連鎖を断ち切る機会は、ケンタさんにもあったのではないか。私の疑問に、ケンタさんはこう答えた。

「親を信じた私がばかでした。正直、親のことは恨んでいます。ただ……。父は私にも、母にも暴力をふるう人でした。母はかわいそうな人でもあったんです。私には母を見捨てることができませんでした」

父親はすでに他界。晩年は絶縁状態だったが、仕事を転々とするケンタさんのことを「甘えている」「努力が足りない」と批判していたという。母親からは、数年前に口論になった際、初めて「私たちがあんたの人生を狂わせてしまった」と言われたという。

ケンタさんは最後は自己破産を選択。ちょうど三〇歳になる直前のことだった。人生の再スタートが切れると思ったが、その後の〝非正規人生〟はすでに書いたとおりである。三〇歳を過ぎてからの再チャレンジを、社会は許してはくれなかったということだ。

政府は守ってくれず、食事に気を遣う気力も余裕もない

政府は現在、就職氷河期世代を対象とした就労支援プログラムを実施している。しかし、ケンタさんは「私のような四〇代後半は対象外です」という。実際に昨年、兵庫県宝塚市が募集した就職氷河期世代の正規職員の対象は「三六～四五歳、高卒以上」だった。

確かに、政府の資料を読むと、就職氷河期世代とは「二〇一九年四月現在、大卒で三七~四八歳、高卒で三三~四四歳」とある。厳密な話をするのであれば、ケンタさんの最終学歴と年齢は、ぎりぎり〝定義〟から外れてしまう。

取材で出会ったケンタさんは大柄な人だった。身長一八〇センチ、体重一〇〇キロ。しかし、体重のベストは七五キロだという。今度こそ働き続けられると期待しているときは、食生活にも気を遣うので健康的にやせる。しかし、その期待が裏切られるたび、食事に気を遣う気力がなくなり、太ってしまう——。その繰り返しだという。

「最近はパンか、うどんか、パスタか、お米でお腹が膨れればいいという感じです。それがいちばん簡単だし、安いですから。そもそもたいして生きたいとも思ってない人間が、なぜ食事をしないといけないのか。安楽死できないかと、毎日本気で思っています」

今日日(きょうび)、貧困層ほど糖尿病が多いことはデータでも裏付けられている。食事が安価な炭水化物に偏りがちだからだ。以前、片山さつき参議院議員が週刊誌の対談で、食事に事欠いている貧困層などいないという文脈の中で「(日本は) ホームレスが糖尿病になる国ですよ」と発言していたのを読んだが、あらためて見当違いも甚だしいと思う。

ケンタさんに言わせれば、ジム通いをして体重管理をしたり、食事のバランスに気を配ったり、炭水化物抜きダイエットをしたりできるのは、「神話の世界の人」だという。

ケンタさんは、今はビル清掃の仕事をしている。実は毎月の収入は二〇万円ほどだという。しかし、契約形態は雇用ではなく、業務委託。最近、増えつつある〝名ばかり事業主〟である。究極の不安定労働でもあり、いつクビになるかわかったものではない。

昨年のラグビーW杯の日本チームによる快進撃も、年末年始のバラエティ番組も、今年の東京オリンピックも、ケンタさんは、明るい話題は見るのも、聞くのも嫌だという。

「ただただ社会への恨みが募るだけです」

妻からも見放された三四歳男性派遣社員の辛酸

家賃は三カ月滞納、主食はモヤシ

サトシさんは日々の食費にも事欠く状況で、モヤシと豆腐が主食だ（編集部撮影）

現代の日本は、非正規雇用の拡大により、所得格差が急速に広がっている。そこにあるのは、いったん貧困のワナに陥ると抜け出すことが困難な「貧困強制社会」である。本連載では「ボクらの貧困」、つまり男性の貧困の個別ケースにフォーカスしてリポートしていく。今回は派遣専門の介護職員として働く、サトシさん（三四歳）のケースに迫る。

通過する特急列車に飛び込もうとした。そのときだ。すぐ隣で、影のようなものが一瞬早く身を躍らせるのが見えた。スーツ姿の女性だった。今年四月、関東近郊のあるJR駅構内。まさか、先を越されたのか？　呆然としていると、あっという間に周囲は野次馬たちで騒然となった。彼らは遺体や駆け付ける駅員の様子をスマートフォンで撮影し、SNSへと投稿し始めたという。

朝から雨が降る、肌寒い日の出来事だった。派遣専門の介護職員として働くサトシさん（三四歳、仮名）は、この日のことをこう振り返る。「リクルートスーツを着た、たぶん、若い女性でした。自分も自殺していたら、こんなふうにさらし者になるんだと思ったら、（死ぬのは）やめようと……。今はただ生きることを頑張る毎日です」。

貯金通帳の残高は「〇円」

サトシさんとは自宅近くのファミリーレストランで会った。見せてくれた貯金通帳の残高は「〇円」。今年に入ってからは日々の食費にも事欠く状態で、「主食」はモヤシと賞味期限切れ間近で値引きされた豆腐だという。スーパーの試食品コーナーを回ったり、一〇〇円ショップでそろえた釣り具で、近くの海で魚をとったりすることもある。ここ数日は、自販機の下に落ちていた一〇〇円で買ったパスタを塩ゆでにして腹を満たしている。

水道代を節約するために、用を足すときは最寄り駅に隣接した商業施設内のトイレを、シャワーは派遣先の介護施設に設置された浴室を使う。そこまでして切り詰めても、現在、アパートの家賃は三カ月滞納しており、立ち退きを迫られている状態である。

「ガスはしょっちゅう止められます。水道は最後まで止められないんですが、以前、止められたときは、警察が（安否確認のために）自宅までやってきました」

自殺未遂の話や壮絶な貧乏暮らしを語っているのに、人懐っこい笑みを絶やさない。昼時だったので、会計はこちらで持つので一緒に食べましょうと誘っても、もう済ませてきましたからと、丁寧に断ってくるところにきまじめな人柄がうかがえる。

関西出身で、元は両親と弟の四人家族。最初のつまずきは、高校卒業後に進んだ介護専門学校の実習先でイジメを受けて退学、それが原因でうつ病を発症したことだ。

ちょうど介護保険制度が始まった二〇〇〇年。ちまたでは、介護専門学校が相次いで開校し、「未来のある仕事」として多くの学生も集まった。しかし、サトシさんが実習で訪れた施設は、職員のほとんどが中高年女性。事あるごとに「こんなの男のする仕事じゃない」とバカにしたように言われたうえ、さらには、声が小さいとしかられたので声を張ると、うるさいと遮られ、質問をすれば「そんなこともわからないの」と怒鳴られ、見よう見まねでやって失敗すると「こんな簡単なこともできない」と陰口をたたかれたのだという。

「男子学生がターゲットにされがちで、結局、クラスメートの四人に一人が退学しました」

介護保険制度が始まった当初は、今と比べて女性職員が多かったのは事実。それまで自身の経験や技術で現場を切り盛りしてきた彼女たちの中には、新制度に戸惑いを抱く人もおり、時にこうした感情の矛先が若い専門学校生に向かうことは、あったのかもしれない。

両親とは縁を切り、ひとり上京

うつ病は退学後も悪化し、ついに措置入院をすることになった。学校を辞めることに反対していた両親との関係もこじれる一方。入院中に見下したように「そこまで落ちたのか」と言われたことがきっかけとなり、両親との縁を切り、東京に出ることを決めたという。

ちょうどこの頃、小泉政権によって製造業派遣が解禁。身ひとつで夜行バスに乗り、東京・新宿に着いたサトシさんは程なく工場派遣の仕事に就いた。派遣労働の規制緩和については、不安定雇用を増やすだけだとの批判もあったが、彼は、このときが人生でいちばん楽しかったという。

「収入は（手取りで）一五万円ほどでしたが、安定していましたから、仕事仲間と飲みに行く余裕もありました。三年後には正社員になれるという話もあったので、〝そのときまでみんなで頑張ろう〟と励まし合ったりして。フィリピン人や日系ブラジル人の同僚が〝帰国したら商売を始めるんだ〟〝家族のために家を建てる〟と夢を語るのを聞くのも好きでした」

この頃、工場で出会った女性と結婚もした。ただ、彼女の両親は、サトシさんが派遣社員であることを理由に結婚に猛反対したという。妻の実家は代々続く資産家。両親からはひたすら「派遣じゃ、いつ失業するかわからないし、給料も上がらないでしょう。将来厳しいよね」と諭された。彼らはサトシさんの人柄ではなく、「身分」にダメ出しをしたのだ。彼にできたのは、ただ頭を下げ続けることだけ。最後は、彼が妻側の姓を名乗ることを条件に、両親が折れた。後ほど彼女から「（姓が変わることで）娘の結婚を親戚や近所に知られるのが嫌だったみたい」と説明された。理由はもちろん「相手が派遣だから……」。

そして、幸せは一瞬で暗転した。娘が生まれた直後、リーマンショックに襲われたのだ。サトシさんは最悪のタイミングで派遣切りに遭った。やむなく介護の仕事に就いたものの、うつ病が再発。妻の両親からは連日のように責められ、ついには彼女からも「安定した生活がしたい」と離婚を切り出された。条件は、養育費はなし、その代わり、今後、子どもにはいっさい会わないこと。両親からは「娘と孫は責任をもって面倒を見る。孫が大きくなったら、君は死んだと説明するから」と告げられた。

「パパ」という言葉を覚えたばかりだったという娘の写真は一枚もない。未練が残らないようにと、妻がアルバムのたぐいはもちろん、携帯電話の写真データもすべて回収、削除されてしまったからだ。離婚後、一度だけ、彼女の携帯に電話をしたことがある。しかし、すでに番号が変えられていた。このとき「本当に縁が切れたんだな」と実感したという。

「子どもがおカネに困らない暮らしができるならと思って離婚しました。自分は子ども一人育てられない人間なんだと痛感させられました。結局、お義父さんの言うとおりだったんです。嫁にも実家にも迷惑をかけました」。離婚の経緯を語るサトシさんは、最後まで一言も恨み言を口にしたり、周りを責めたりすることがなかった。

難病「ギランバレー症候群」と診断

その後、しばらくはアルコールに頼るなど自暴自棄になったものの、運よく看取りケアを行う介護施設の正社員に。この施設が二年ほどで閉鎖した後は、派遣専門の介護職員になったが、毎日仕事があるわけではないので、年収はわずか一〇〇万円ほど。さらに、うつ病の影響からか、時々ひどく身体がだるくなり、思ったように動けない。生活保護の申請は取りつく島もなく門前払いされ、今年初め、ついに下半身が動かなくなり、高熱を出して玄関で倒れていたところを友人に見つかって救急搬送された。異常な状態に最初は危険ドラッグの服用を疑われたが、ほどなくしてギランバレー症候群と診断。これまでの体調不良も、この病気が原因だった可能性があると説明された。「腑に落ちた部分もありましたが、それ以上に将来の不安のほうが大きかったです」。

四肢の麻痺などを伴うギランバレー症候群はいわゆる難病だが、医療費助成の対象となる「指定難病」ではない。医師からは、生活保護を受けられるよう口添えするので、二週間は入院して安静にするよう言われたが、入院費が払えないからと、二日で退院。サトシさんは「生活保護になれば医療費はかからないのに。このときはとにかく働かなきゃ、家賃払わなきゃと、必死すぎて冷静な判断ができませんでした」と言う。

退院後、かろうじて症状は安定しているが、いつまた倒れるかもしれないと思うと、少人数態勢になる夜勤には怖くて就けない。夜勤に入れないと、派遣先を紹介してもらえず、収入は減る一方。ひもじいし、孤独だし、立ち退きの期限は刻々と迫ってくるし——。

こうした極限状態の中で迎えた今年四月。衝動的に飛び込み自殺を思い立った。気分転換になればと、JR駅に隣接する商業施設に出かけたのに、楽しそうなカップルや家族連れや、何ひとつ手の届かないショーウインドーの商品を見ているうちに、ふいに死にたくなったのだという。結局、すぐそばにいた女性に先を越され、自殺はかなわなかったが、もはや、喜んでいいのか、悲しんでいいのかわからない。

ここで少し政治の話をしたい。私は、リーマンショックで使い捨てにされ、いまだに人生を立て直せずにいる彼が今の政治に何を望むのか知りたいと思い、選挙には行くのかと尋ねた。すると、彼は「必ず行きます。自民党に投票します。以前は維新の党に入れたこともあります」という。工場派遣を解禁した結果、大量の派遣切りを生み出したのは自民党政権ではないのかと問いかけると、彼はこう答えた。「派遣という働き方を選んだのは僕自身ですから。それに、自民党は子どものための政策に力を入れているように感じます。娘のためにも、未来志向の政治を応援したい」。

自分たちに煮え湯を飲ませたかのようにも見える政治に文句を言うわけでもなく、変わらず支え続ける――。私には理解できないが、実際には、飽きるほどに見かける光景でもある。

「正社員への誘い」という光明

ただひとつ、最近、サトシさんとって一筋の光明とも思える出来事があった。派遣先の施設から正社員にならないかと誘われたのだ。先日、入居者が亡くなったときの落ち着いた対処が評価されたようだという。「前に働いていた看取りケアの施設では、何人もの高齢者の最期を見守ってきました。（吐血による）血を浴びたこともありますし、呼吸困難に苦しむ人への対応も学びました。ここの看護師から〝人の死を扱う仕事なんだから、自信を持ってやりなさい〟と言われたことを肝に銘じています」。

夜勤がこなせるか、まだ自信はない。しかし、かつて実習先でのイジメにおびえていた頃の自分とは違う。光明というには、まだ心もとない兆しだが、再生のチャンスをつかめるなら、もう一度だけもがいてみようか。そんなふうに思っている。

「日雇い派遣」で食い繋ぐ三四歳男性の壮絶半生

年収は一〇〇万円に届かないのに「配慮」ばかり

今回取り上げるのは、「ブラック企業を渡り歩いてきた」「壮絶な人生で本が一冊できるのではないか」と編集部にメールをくれた三四歳の男性だ。

「明日二／二七（火）男性限定！　引越作業　神保町　九時〜一八時」「宅配便の仕分け作業　二二時〜三〇時・八一六〇円　二四時〜三三時・九〇〇〇円」「本日欠員のため今からお仕事できる方を探してます　ピッキング作業　到着〜一八：〇〇まで　最低六〇〇〇円保障　皆様のご応募お待ちしております!!」

この一年、日雇派遣などで食いつないでいるというユウスケさん（三四歳、仮名）が、スマートフォンのアプリを開いて見せてくれた。宅配便ドライバーの助手、倉庫内での仕分け作業、居酒屋――。そこに

この１年、日雇派遣などで食いつないでいるというユウスケさん（筆者撮影）

は、一日限定のさまざまな求人情報が掲載されていた。

日雇派遣は原則禁止されているはずだが…

あり得ない——。現在、日雇派遣は原則、禁止されているはずだ。リーマンショックが起きた際、不安定な日々雇用が社会問題となったことから、二〇一二年に労働者派遣法が改正され、派遣会社との契約が三一日以上、年収五〇〇万円以上などの諸条件をクリアするか、ソフトウエア開発といった専門性の高い業務でなければ、日雇派遣は認められなくなった。

私がそう告げると、ユウスケさんは「ええー！　そうなんですか。じゃあ、この仕事、全部、違法なんですか」と驚きの表情を見せた。

ユウスケさんの話では、日雇派遣にありつくまでの流れはこうだ。まず求人情報が掲載されているインターネットから応募する。いったん仕事をした後、募集企業である派遣会社に出向き名前などを登録して、専用アプリを利用するためのコードなどを入手。あとは、そのアプリに連日情報が送られてくるので「いつでも、どこからでも」応募できるようになる。

ざっと見ただけでも、男女雇用機会均等法で禁止されている性別を限定した募集はあるわ、都内の深夜労働なのに時給が最低賃金とほぼ同額だわで、脱法・劣悪の見本のような求人ばかり。「一八：〇〇までに来てくれたら六〇〇〇円」という募集などまるでオンコールワーカーである。業種にしても、専門性が高いとは到底言えず、禁止された日雇派遣そのものだ。

一方でよく見ると雇用形態は「アルバイト」となっており、「派遣」とは書かれていない。しかし、募集企業の欄に記載されているのは、派遣会社である。派遣法改正をめぐっては、日雇労働で生計を立てている人がいるとの理由で禁止に反対する声も少なくなかったが、いずれにしても不安定雇用をなくそうという当初の目的は見る影もなく骨抜きにされているということだ。

長期派遣が決まったこともあるが…

ユウスケさんによると、ある派遣会社を通して営業職での長期派遣が決まったこともあったが、派遣先会社に携帯電話代を負担してほしいと求めたところ、ろくに出社もしないうちに雇い止めになった。その後、派遣会社の登録も取り消しを余儀なくされたという。

「同じ営業の正社員には携帯電話が支給されていたので、僕も電話料金を負担してくれるよう交渉したんです。すると自宅待機を命じられ、結局クビ。たくさん仕事を紹介してくれていた派遣会社だったのに、それ以降は電話で問い合わせても〝仕事はないっすね〟〝今忙しいんで〟と切られるようになってしまいました。ああ、ブラックリストに載ったんだなって……」

路上の落ち葉清掃の仕事では、現場を仕切っていた社員からユウスケさんら派遣労働者は事務所内のトイレではなく、近隣の公園の公衆トイレを使うよう命じられた。仕事中、暖を取るために設置されたストーブを囲む輪にも派遣労働者は近づくことを禁じられた。派遣労働を「多様な働き方」などと言う人もいるが、これではただの「身分差別」である。

この間、同じ仕事でもインターネットに掲載される給与のほうが、アプリに通知される給与より高いことにも気が付いたという。「たとえば、ネットだと日給一万円なのに、アプリでは七〇〇〇円といった具合です」。事実なら、同一労働同一賃金の原則にも反するが、ユウスケさんが派遣会社に確認したところ、期日、内容ともに同じ仕事だと認めた。「(インターネットという)オープンサイトのほうには高い給与を提示し、できるだけたくさんの人を釣って派遣会社に登録させることが目的なんじゃないか」と推測する。

派遣労働の理不尽ばかりを経験したこの一年。年収は一〇〇万円に届かないという。

生まれも育ちも東京。物心ついたころから父親はおらず、母親は多くを語らなかったが、いわゆる非婚シングルマザーだったのではないか、という。中学生のころ、母親の再婚相手から心身ともに虐待を受けた。「飼っていたネコには刺身をあげるのに、僕にはビスケットしかくれなかったことを、よく覚えています」。

ユウスケさんは「（母親への）わだかまりは、もうないです。（継父とは）とっくに離婚してますし」と振り返るが、彼の肘には、この継父からダンベルを投げつけられて骨折したときにできた傷痕が今も残っている。

大学は家計に余裕がない中で私大に進んだ。このため学校を一年間休学。アルバイトなどを掛け持ちしておよそ四〇〇万円を貯め、奨学金に頼らずに卒業した。

就職は、知人の紹介でイベント企画会社に入社。しかし、残業代も割増手当も付かない職場だったため、半年ほどで退職した。その後、別の会社でネットカフェ店長として複数店舗の切り盛りを任されたものの、あまりの忙しさで帰宅できたのは一カ月のうち数日だけ。自身もネットカフェに寝泊まりをしながら、アルバイトやパソコンの管理に追われた。

三〇歳で転職したが、ここでも一方的に業務を増やされて始発で出勤して終電で帰る日々が続く。その後に移った専門商社でも一カ月の残業時間が一五〇時間に上ったことから、早々に辞めた。今から一年ほど前のことである。

これらの会社での雇用形態はすべて正社員だった。異常な長時間労働にもかかわらず、賃金は手取りで毎月二〇万円から、多くても二十数万円。「残業代は基本給に含まれていると説明されました。とにかくボーナスというものを一度ももらったことがないんです」。

「壮絶な人生で本が一冊できる」

ユウスケさんには、喫茶店で話を聞いた。不当な働かされ方にさぞ怒っているのだろうと思ったら、意外にも彼はネットカフェを訪れたさまざまな客についての話を始めた。

ブース内でアルコールランプを使って薬物をあぶっている男や、薬物の影響で下着姿で店内をうろつく女。中高年のサラリーマンと女子高生が利用した後に避妊具が放置されていたことや、寝泊まりしていた派遣労働者の「お得意さん」がいつの間にかブース内で冷たくなっていたこと。店舗によってはホームレスが多く、シャワー室の利用後は大小便が詰まるなどして掃除が大変だったことや、風営法に触れかねない実態を見逃してもらうため月一回、警察署にビール券を付け届けていたことを話してくれた。

ユウスケさんが働いていた二〇〇〇年代なかば、会員制、本人確認義務などの規制が導入される前のネットカフェはたしかに社会問題の縮図のような場所だった。彼の体験談はユニークだったが、自分が売り上げを伸ばしたことや、「壮絶な人生で本が一冊できる」と話す様子はどこか武勇伝を語っているようにも見え、違和感を覚えた。だから、私は最後にこう尋ねた。

「こんな働かされ方はおかしいとは思わなかったのですか。労働組合が身近にないなら、今は若者たちによるデモもよく行われています」

これに対し、彼は「(会社の)代表には言いました。でも、変わらなかった。(それ以上訴えて)窓際に追いやられ、(クビになって)就職活動しなければならなくなるのも怖かった」と答えた。一方で若者たちによるデモについて、こう指摘した。

「ヒダリの人たちのパワーが強まっていると感じます。あの人たち、あんなふうに顔を出してますが、ちゃんと仕事をしているんですかね。背後に怪しい団体がひもづいてるんじゃないですか」

「ヒダリ」や「背後」の意味を聞くと、「中核」「韓国系」「朝鮮総連」という言葉が出てきた。若者たちによるデモとは、反原発運動を源流の一つとした若者グループ「エキタス」のことなのだが、私が取材した限り、メンバーに日本共産党の青年組織「民青」の関係者がいる一方で、政党や政治とは関係ないいわゆる普通の学生や非正規労働者も大勢いる。また、中核派や、民族団体である在日本朝鮮人総聯合会（朝鮮総連）がこうした活動に組織的にかかわっているという事実も確認できなかった。ユウスケさんの主張は、黒を見て白と言っているに等しいのだが、彼は「そういう印象を持たれていることは事実」と譲らない。

そもそも私に言わせれば、残業代も払わないような中小企業の経営者に向かって文句を言っても、聞き流されるのがオチだ。「和を乱す」ことへの不安は理解できるが、おかしいと思ったなら、その怒りをエネルギーにして労働組合に加入するなり、法律を駆使するなりして闘わなければ、状況を変えることは難しいだろう。

子ども時代の虐待経験とうまく折り合い、過酷な社会を生き残ったユウスケさんはたくましく、賢い人だと思った。ところが、「こんな働かされ方はおかしいと思わないのか」という話になった途端、私たちの会話はかみ合わなくなった。

「**自分を律して頑張るしかない**」

ユウスケさんが「私がストイックに働いている間に、彼らは徒党を組んでラップとかでわちゃわちゃやっている」と言うと、私が「ストイックなのではなく、いいように搾取されただけ。徒党ではなく、会社に対して力が弱い労働者たちが連携しているのだ」と反論。彼が「中小企業では、オーナーとの距離が近いから、お互いに配慮しなくてはいけない」と言うと、私が「あなたは長時間労働に耐えて会社に『配慮』したかもしれないが、オーナーが昇給やボーナスで『配慮』してくれたことがあったのか」と問う。

同じ言語で話しているのに、言葉が通じない。明るかった店外の景色はとっくに夜景に変わっていた。もう潮時だ。

ユウスケさんはいま、正社員の仕事を探している。「次もブラック企業だったらどうしようという心配はあります。でも、自分を律して頑張るしかありません」。

今まで十分に律してきたし、頑張ってきたじゃないか。これから必要なのは……。私は言葉を飲み込んだ。

フリーランスを志す三一歳男性の「夢と現実」

ウーバーイーツ配達員の収入は月四万円程度

現代の日本は、非正規雇用の拡大により、所得格差が急速に広がっている。そこにあるのは、いったん貧困のワナに陥ると抜け出すことが困難な「貧困強制社会」である。本連載では「ボクらの貧困」、つまり男性の貧困の個別ケースにフォーカスしてリポートしていく。

今回紹介するのは「フリーランスとしてランサーズ／クラウドワークスの案件受注にも挑んでいるが、まだ数百円の案件ひとつしか達成できていない」と編集部にメールをくれた、三一歳の独身男性だ。

昼間のカフェ。七、八人の若者が、それぞれのパソコンに向かって作業をしている。学生風の若者や女性もいた。デニムにセーターといったラフなスタイルに、リンゴのロゴマークのＭａｃ製パソコ

「人脈を広げ、SNS活動に力を入れる。個人で稼ぐスキルを身に付ける努力をする」と語るシンヤさん（筆者撮影）

ン――。二〇一七年の暮れ、シンヤさん（三一歳、仮名）が知人に連れて行かれたのは、ある起業サークルのメンバーが集まる、都内の拠点だった。

「政治などあてにならない時代。だからこそ、人脈を広げ、SNS活動に力を入れる。個人で稼ぐスキルを身に付ける努力をするんです」

起業サークルとの出合いは、シンヤさんが〝フリーランス〟という働き方に、夢と希望を見出した瞬間でもあった。

フリーランスに行き着いた道のり

幼いころから、「空気が読めず、無自覚に場違いなことをする子ども」だったという。期限に間に合わなかった宿題を白紙で出したところ、教師から「これでは提出したことにならない」と注意を受け、驚いた。「期限までに出せと言われたから、（白紙でも）出す。それが正しい行動だと思っていたので」。

首都圏の私大を卒業したのは、リーマンショックの直後だった。従業員一〇人ほどの会社に就職したものの、試用期間中に解雇。その後、公務員試験に挑戦したが、合格には至らず、今度は専門商社に入社した。ところが、ここも試用期間中に解雇されてしまう。

当時、先輩社員から「自分を強く主張しすぎるのはよくない」と言われたことを覚えている。専門商社では「理解できない専門用語が出てくると、そこにこだわってしまい、その後の会話についていけなくなることがありました」と振り返る。

続けざまに本採用を拒まれたこともあり、自分は発達障害なのではないかと疑った。半年ほど心療内科に通ったが、確定診断を受けることはなかったという。

その後、飲料水の自販機補充の仕事に就いた。パート社員で、毎月の手取り額は一六万円ほど。「体を動かすルーチンワークは性に合っていました。休憩時間もあるし、残業代も付く。きつい仕事でしたが、言われているほどブラックじゃなかった」とシンヤさん。

しかし、次第に補充時の時刻記載や、指差し確認といった業務が追加されるようになった。補充ミスを防ぐための作業だと頭ではわかっていたが、「僕がミスしたわけじゃないのに……。作業は増えたのに、給料は上がらないことも不満でした」。ストレスからか、突発的な頭痛にも悩まされるようになり、結局、六年近く続けた仕事を辞めた。

自分は会社勤めには向いていないのではないか……。起業サークルと出合ったのは、ちょうど、そんなふうに思い始めたころでもあった。

シンヤさんはこの起業サークルに入会。ここ一年は週二回、セミナーに通い、「スモールビジネスの基礎やWebマーケティングの知識、フリーランスとしてのマインドセット」を学んでいるという。入会金は約二〇万円、セミナー参加料は一回八〇〇〇円。

「入会前に『本気の人しか、成功はできない。フリーランスとして食べていけるのは、(会員の)一、二割』と、ちゃんと説明してくれた。信頼できるサークルです」

さまざまな媒体が集まるスモールビジネス

スモールビジネスとは、文字どおり「小規模ビジネス」のこと。例えば、ネット上にサイトを作り、企業の商品を紹介してマージンを得るアフィリエイトや、動画の再生回数などに応じて広告料を得るユーチューバーなどがそれにあたる。

アフィリエイトビジネスや動画再生回数の伸ばし方などのノウハウを販売するコンサルティング業なども小規模ビジネスのひとつで、シンヤさんは「超ニッチな商品を作ってブログやツイッターで発信するんです。（起業サークル内には）好きなものを食べてやせるダイエット法とか、恋愛成就法といったノウハウの販売や、コーディネート代行ビジネスなどで利益を上げている人もいます」と言う。

シンヤさん自身は、ゲームの実況動画を毎日欠かさずにネットに投稿。セミナーで得た知識を生かし、総再生時間などを六倍に増やしたという。広告料を得られる仕組みをつくっていないので、実際の収入はゼロだが、「今後、起業するときの実績になる」という。

起業について学ぶ一方、シンヤさんはどのように生計を立てているのか。

いま、シンヤさんは、アメリカの配車サービス大手「ウーバー・テクノロジーズ」が展開する飲食宅配サービス「ウーバーイーツ」で配達員をしている。スマートフォンの専用アプリで依頼を受けた後、自家用車やバイク、自転車などで飲食店に行き、飲み物や料理を受け取り、注文をした人の所に届けるという仕事だ。会社と業務委託契約を結んだ個人事業主として、距離などに応じて配達一件あたり数百円の報酬を得る。

シンヤさんの月収は三万～五万円ほど。貯金を切り崩しながらの生活だが、これでは一人暮らしは続けられない。このため、近く、書類などを自転車で配達する、いわゆるバイク便の仕事を始めるという。こちらも、個人事業主である。

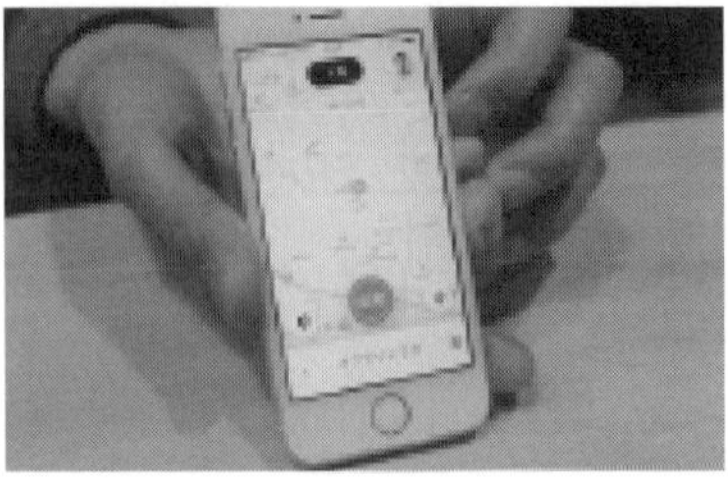
ウーバーイーツ配達員専用アプリの画面。「出発」をタップすると、「依頼を受け付けます」という状態になる（筆者撮影）

「名ばかり事業主」に陥ってはいないか？

シンヤさんの話を聞きながら、私がひたすら疑問に思うこと。それは、ネットビジネスやバイク便といった仕事を個人事業主（フリーランス）として続け、はたして安定した収入を得ることは可能なのか、ということだ。

起業サークルが言うまでもなく、アフィリエイトビジネスなどで成功する人はほんの一握りだ。また、ウーバーイーツ配達員やバイク便運転者をめぐっては、事故に遭ったときに労災保険が適用されないといったトラブルが、すでに各地で表面化している。労災保険が適用されない理由は、彼らが労働者ではなく、個人事業主だからだ。

ここで、「労働者」と「個人事業主」の違いについて説明したい。

労働者が会社と雇用契約を結ぶのに対し、個人事業主が交わすのは業務委託契約や委任契約。労働者には、最低賃金や残業代、有給休暇、労働時間などを定めた労働基準法が適用されるが、個人事業主には適用されない。個人事業主は社会保険料や交通費を原則自己負担する一方、自らの裁量で仕事量や報酬額を交渉、高収入を得られる場合もある。

一般的に、業務の依頼を断れなかったり、指揮監督の下で勤務時間や場所が決まっていたりする場合は「労働者性が高い」とみなされる。シンヤさんが近く始めるというバイク便運転者は通常、勤務場所やシフトがあらかじめ決まっており、厚生労働省も「労働者性がある」との見解を示している。にもかかわらず、実際の配達員の〝身分〟は労働者ではなく、個人事業主なのだ。

実態は労働者なのに、契約上は個人事業主——。こうした人々は〝名ばかり事業主〟とも言われ、かねて社会問題となってきた。トラック運転手や美容師、ＩＴ技術者などさまざまな職種にはびこる名ばかり事業主は、経営者にとっては法律に縛られない、「働かせ放題」も可能な労働力なのに対し、働き手は一方的な報酬カットや契約解除などのトラブルに遭うこともある。パートや派遣といった非正規雇用以上の究極の〝不安定雇用〟ともいえる。

ちなみに、経済産業省の「『雇用関係によらない働き方』に関する研究会」や、厚生労働省の「働き方の未来二〇三五」といった報告書には、個人事業主の活用をうながす旨の記述がみられるほか、税制面でも個人事業主は減税となる。一連の働き方改革の下、政府は個人事業主を増やす方向へと誘導している。

シンヤさんも名ばかり事業主ではないのか――。私の指摘に対し、彼はこう反論した。

「（労働者を守る）労働基準法はもう古いと思います。人材が流動化する時代、それでは価格競争に勝てません。事故に遭ったとしても自己責任。それに、例えばアフィリエイトで稼げるようになれば、働かなくても収入を得られるわけですから、それは有給休暇と同じなんじゃないですか。交通費は、テレビ会議などを増やすことで節約できます。

〝前へならえ〟って、（戦前の）兵隊教育をマッカーサーが残したものだって、知ってますか。これは工場労働者や、上司に従順な会社員をつくるにはいいんですが、個人事業主という新しい働き方が増えていく、これからの時代には合わないと思います」。

シンヤさんはこうしたことを、起業サークルのセミナーで学んだという。しかし、有給休暇とアフィリエイトビジネスの仕組みを同列に語ることはできないし、〝前へならえ〟が連合国軍最高司令官マッカーサーの置き土産だという話は初耳である。私から見ると、知識不足と事実誤認なのだが、シンヤさんに言わせると「価値観の違いです」となる。

シンヤさんは、ホリエモンこと堀江貴文や、最近では絵本作家という肩書のほうが浸透している漫才コンビ・キングコングの西野亮廣の著作も読んだという。また、有名ブロガーたちの名前を挙げながら、努力をして毎月何百万円も稼いでいる人はいる、と訴える。

「無防備な個人事業主」が増えていく社会

「バイク便の仕事もセミナーの参加者から教えてもらいました。やはり、人脈は大事なんです。ベテランの中には、月四〇万円、稼いでいる人もいるそうです。でも、バイク便の仕事だけに頼っちゃダメです。(動画投稿などの)副業で稼げる仕組みをつくってリスク分散する。そうすれば、怪我や病気で収入が一時的に途絶えても問題ありません」

私はフリーランスという働き方を否定はしない。ずば抜けた才能を持った人や、組織になじめない人は存在するからだ。何より、私自身がフリーランスだし。

一方で、組織である「雇用する側」と、個人である「雇用される側」は決して対等ではない。この力関係が今後も変わらない以上、労働基準法をはじめとした労働関連法が雇用される側を保護し、雇用する側の暴走に歯止めをかけるのは当然のことだ。法律に守られない〝無防備な個人事業主〟を安易に増やす政策が行き着く先は、「ブラック企業」と生活困窮者があふれる社会だろう。

シンヤさんは、政治はあてにならない、だから、これからはフリーランスなのだという。個人事業主が増えていく——。それは、まさに政治の思惑どおりのシナリオでもある。

非正規公務員・官製ワーキングプア

ますますひどくなる官製ワーキングプア

「ワーキングプア」という言葉が日本で広がったのは、今から一五年ほど前のことだ。この間、ワーキングプアの大部分を占める非正規雇用は公務員にも拡大。いまや地方自治体で働く職員の三人に一人が非正規雇用ともいわれる。それは公共サービスを受ける私たち市民の暮らしにも影響を与える。コロナ禍においても、そのしわ寄せは顕著に表れた。長年にわたって公共サービスを担う労働者の非正規問題について取り組んできた「官製ワーキングプア研究会」理事長の白石孝さんに話を聞いた。

藤田　この間、新型コロナウイルス感染症の対応を最前線で担う保健所や病院の業務がひっ迫しました。

白石　日本では長年にわたって全国の保健所と公立・公的病院の統廃合が進められてきました。一九九〇年度に八五〇あった保健所は、二〇二一年度には四七〇まで減りました。三〇年間で半減したんです。厚生労働省はコロナ禍の前から、再編・統合について議論する必要がある公立・公的病院として約四四〇の施設を公表しています。施設がなくなれば、そこで働く人たちも減りますから、業務がパンク状態になるのも当然です。

保健所や病院以外でも、多くの非正規職員が感染リスクにさらされながら、窓口や相談業務を担いました。コロナ禍の影響で申請件数が増加した生活保護の窓口の面接相談員や、被害が増えたといわれるドメスティックバイオレンス（ＤＶ）の相談先の窓口の婦人相談員は半分以上が非正規職員です。にもかかわらず、彼らの収入は生活保護水準以下というケースも少なくありません。

公務員の雇用形態が大きく変わるきっかけとなったのは、一九八一年のいわゆる「土光臨調」にさかのぼります。

藤田　行財政改革について審議した「第二次臨時行政調査会」のことですね。

白石　そうです。このときに人件費のかかる地方財政は削っていこうという趣旨の提案がなされ、中曽根康弘政権の行政改革に、橋本龍太郎政権の省庁再編に、それぞれ引き継がれました。そして二〇〇〇年代に入ってからの小泉純一郎政権による「聖域なき改革」。これが民間も含めた日本の雇用形態を大きく崩壊させる決定打となりました。社会の中にも「公務員＝悪代官」のような意識が支配的ですよね。そうした公務員バッシングに後押しされる形で大阪でも橋下徹市長時代に、バス事業や地下鉄事業の民営化などが進みました。

藤田　公共サービスを受ける側の私たちも「親方日の丸の公務員を増やすのは税金の無駄遣い」という安易な考えの前に思考停止してきた気がします。

白石　正規公務員を中心にした労働組合も、こうした公務の非正規化にちゃんと対応してきませんでした。既得権を守る運動しかできなかったと言わざるを得ないでしょう。

藤田　白石さんは二〇一一年に退職するまで、四〇年近く東京都荒川区の職員でした。労働組合の書記長として、まだ官製ワーキングプアなどという言葉もない時代から、非正規公務員の組織化に力を入れてきました。

白石　私が区役所に入った当時、周りはほとんどが正規職員でした。ところが、二〇〇一年に書記長に立候補したころには様子が一変していました。私がいた職場では一〇人ほどの職員のうち正規は半分ほど。残りは嘱託や臨職、派遣といった非正規でした。彼らは正規とほとんど同じ働き方をしていたにもかかわらず、ボーナスはありませんし、年収も私たち正規職員の三分の一以下でした。非正規の人たちは夏と冬のボーナスの支給日には、「今日だけは出勤したくない」などとこぼしていたものです。書記長になってからは非正規職員にも有給休暇を導入することや、非正規職員の労働組合への加入を進めました。当時の区役所内の非正規職員の組織率（職員数に占める労働組合員数の割合）は三五％に達しました。

かつて役所の非正規職員といえば、主に「家計を助ける主婦といったイメージがありました。そう思っている人は今もいるのではないでしょうか。でも実際は違います。特に二〇〇〇年以降は人数も増え、男性やシングルマザー、若者などあらゆる層に広がりつつあります。その多くは、役所からの収入で生計を立てなければならない、ワーキングプア状態にあります。

世界との比較でいえば、いまだに「行政改革＝社会正義」と思い込んでいる、思い込まされているのは日本くらいではないでしょうか。欧米では水道や鉄道事業の再公営化が進んでいますし、韓国では非正規公務員の正規化に力を入れています。

藤田　公共サービスの担い手としては、国や自治体に直接雇用された非正規公務員ばかりではありません。「コストカット」や「効率化」の名の下で、一部の業務の外部委託が進みました。こうした現場で働く人たちは公共サービスの担い手でありながら、身分は公務員ですらありません。労働環境は非正規公務員以上に劣悪だと聞きます。

白石　コロナの関係でいいますと、昨年、一〇万円の特別定額給付金が配られた際の相談窓口に派遣社員を配置した自治体がありました。ここでも最前線で市民の対応にあたったのは民間の非正規労働者だったわけです。十分な研修の機会もないまま、市民からの怒りや不満を直接ぶつけられ、多くの派遣社員が心身ともに大変な思いをしました。

コロナ禍の以前より、行政の窓口業務や図書館や生涯学習施設、学童保育といった分野での民間委託が進んできました。そこで働く相談員や司書といった人たちの多くはワーキングプアの非正規労働者です。彼らの給料は自治体からの委託費で賄われます。人件費じゃないんです。コストカットを進めたい一部の自治体は入札のたびに委託費を切り下げるので、働き手の賃金もどんどん下がっていく。ひどい悪循環です。

官製ワーキングプアは、国や自治体に直接雇用されている公務員だけの問題ではありません。こうした外部委託先の民間企業や社会福祉法人、NPO法人で働く人たちの問題でもあります。同じく公共サービスを担う労働者として連携していくことが必要です。

藤田　あらためて全国の地方自治体の現状について教えてください。

白石　総務省の統計によると、地方自治体の非正規職員は二〇〇五年の約四五万六〇〇〇人から、二〇一六年には約六四万三〇〇〇人に増えました。二〇二〇年の調査では非正規職員の実数は約一一二万五七四六人であることが分かりました。非正規の割合は二九％。地方自治体で働く公務員のうち三人に一人は非正規公務員ということです。市区町村ではその割合はもっと高くなります。

ただこの調査には当然ながら、厚労省の管轄のハローワークで働く相談員といった国の非正規公務員や、先ほどお話した外部委託先の労働者は含まれていません。公共サービスを担う非正規労働者は実際にはもっと多いのです。

藤田　地方公務員法などの改正により、二〇二〇年四月から「会計年度任用職員制度」が始まりました。地方自治体の臨時・非常勤職員のほとんどは、毎年公募試験を受ける「会計年度任用職員」に移行しました。新制度導入前は、これにより非正規職員にもボーナスが支給されるといった肯定的な報道もなされました。実際にはこの新制度は官製ワーキングプアの待遇改善につながっているのでしょうか。

白石　結論からいうと、残念ながら新制度は非正規公務員の待遇改善につながっているとはいいがたいです。一年ごとの不安定な有期雇用と、（会計年度任用職員を）フルタイムとパートタイムに分けることによる待遇格差が固定化してしまいました。例えば、今回の法改正でパートタイムに支給しなければならないのはボーナスだけとなったんですが、自治体の中には、新制度の導入に合わせて勤務時間を短くしてフルタイムからパートタイムに切り替えることでそれまで支給していた退職金や勤勉手当などをなくしてしまったところもあります。

勤務時間の短縮といっても、一日一五分短くするだけという、えげつないやり方がたくさんありました。勤務時間が一日一五分短くなったからといって、やってる仕事が変わるわけではありません。さまざまな手当を不支給とすることに、新制度がお墨付きを与えた形になってしまいました。

官製ワーキングプア研究会では、会計年度任用職員制度が始まる直前の二〇二〇年二月にホットライン相談会を開きました。そこには、「新制度が始まる前に雇い止めにされた」「月給を減らされた」「勤務時間を減らされた」といった相談が数多く寄せられました。具体的な声をいくつか紹介しましょう。

「新制度の説明がまったくなされないまま、いっせいに雇い止めにされた。ハローワークで再応募した」（事務職、男性）

「勤続六年。新制度になると手当・賞与が出ると聞いていたが、勤務日数を週三日から二日に、勤務時間を一日七時間三〇分から六時間三〇分に減らされる。そうすると賞与が出る対象ではなくなると。それなのに、仕事は正規職員と同じになると説明された」（司書、女性）。

「非常勤嘱託で四年。新制度により月給が一八万円から一三万三〇〇〇円になる。賞与は出るようだが、月給がこれだけ下がってしまうと生活ができない」（ダム管理員、男性）

「勤続一〇年。二年前にフルタイムから七時間三〇分に減らされた。（四月から）さらに減らされて六時間四五分にされる。会計年度任用職員制度が始まるのでそうしなければならないと説明された』（事務職、女性）などです。

藤田　非正規公務員の待遇を改善するという新制度の趣旨を無視している。悪用しているといわれても仕方のない運用です。

白石　これまでパート・有期雇用労働法など民間の非正規労働者を対象にした法律が適用されない非正規公務員は「法律の狭間に陥った存在」と言われてきました。しかし、新制度によって「法律によって格差が固定化された存在」になってしまったといえます。

民間では労働契約法が改正され、有期の雇用契約を繰り返し更新して通算五年を超えると無期契約への転換を求めることができるようになりました。いわゆる「無期転換ルール」です。でも会計年度任用職員にはこの労働契約法が適用されません。非正規労働者の身分を少しでも安定させようという民間の流れにも逆行しているといえます。

藤田　今後何をどのように解決していけばよいのでしょうか。

白石　国や自治体で働く非正規公務員についていうなら、目指すべき理想は、勤務時間の長短にかかわらず、役所が雇うのは一律同じ公務員とする「短時間公務員制度」です。もうひとつは、先ほどお話した無期雇用転換。通算五年にわたって契約更新をしたら無期転換権が発生するという労働契約法の仕組みを公務にも導入するべきだと考えます。

官製ワーキングプア研究会は、コロナの感染拡大が本格化した二〇二〇年三月に全国約四〇の市民団体などが集まって発足したネットワーク「新型コロナ災害緊急アクション」の構成団体のひとつでもあります。さまざまな分野の団体が横断的につながって生活困窮者の支援に取り組んでいます。官製ワーキングプアの問題も自治体で働く非正規職員だけではなく、委託先の労働者やサービスを受ける市民とも連携し、地域での反貧困運動として取り組んでいく、そんな形を目指していければと思っています。

「ないない尽くし」非正規公務員の悲惨な実情

「メンタル不調」に陥ったら、即クビ

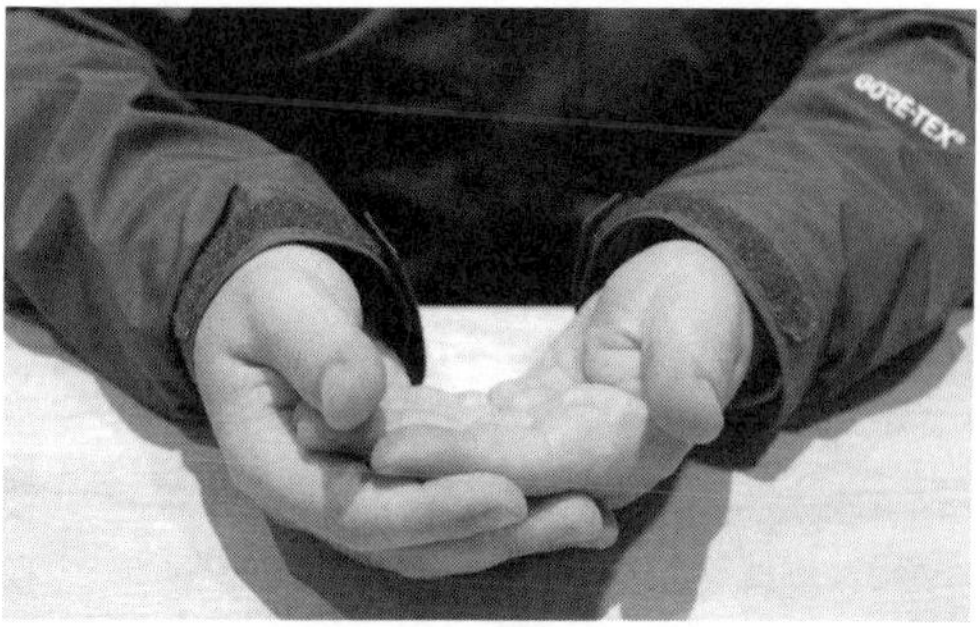

東京都のある自治体で非正規公務員として働き、二年前に雇い止めに遭ったというリョウさん（筆者撮影）

今回紹介するのは「私も非正規公務員として、司書の隣接資格である社会教育主事の資格で自治体の社会教育施設で働いてきましたが、パワハラなどでうつ病になり、次年度の雇用更新申し込みを拒否されました。これからどうすればいいのでしょうか」と編集部にメールをくれた、三四歳の独身男性だ。

「正規」と「非正規」を隔てる、大きな格差

東京都内のある自治体――。正規公務員には、九〇日間の病気休暇に加え、三年間の休職が認められている。この間の収入は、傷病手当金などで八～一〇割が補償される。

これに対し、非正規公務員にあるのは、三〇日間の病気休暇だけ。収入は六割にダウン。休職制度はない。復職に向けた産業医のカウ

ンセリングも、非正規公務員は受けられない。

「正規」と「非正規」を隔てる、大きな格差。この自治体で、一年ごとに任用更新される社会教育指導員として働いていたリョウさん（三四歳、仮名）が、こうした格差を知ったのは職場のパワハラなどが原因で、うつ病を発症したときだった。

病気休暇を使い切った後は、欠勤扱い。一時は、少しずつ出勤できるようになるまで回復したが、結局、その次の更新時、雇い止めにされた。二年前の出来事である。

リョウさんは「上司から指示された仕事を全力で誠実にやってきたのに、体調を崩したからといって、はい、おしまい、と言われるのは納得できませんでした」と言う。

総務省によると、リョウさんのような地方自治体の非正規職員は、二〇〇五年の約四五万六〇〇〇人から、二〇一六年には約六四万三〇〇〇人に増えた。一〇年余りで、四割も増加したことになる。また、この統計は、対象を「任用期間六カ月以上」に限定しているため、同六カ月未満の非正規職員も含めると、その実数は七〇万人を超えるとされる。

なぜ「非正規職員」が増えたのか

いずれにしても、行政の現場はいまや、「五人に一人が非正規」。規模の小さい町村などでは、「三人に一人が非正規」「半数が非正規」というところもある。

非正規職員が増えた背景には、自治体の財政難がある。二〇〇七年には、地方自治体財政健全化法が制定。都道府県や市町村などは、目に見える「成果」を求められるようになり、正規職員を、〝安価〟な非正規職員へと置き換えるようになった。

自治労（全日本自治団体労働組合）の実態調査によると、非正規職員の七割が年収二〇〇万円以下のワーキングプアだという。ボーナスなどがある正規職員の三分の一以下である。低賃金で、いつ雇い止めに遭うかわからない「官製ワーキングプア」を、自治体自らが増やし続けているのだ。

毎月の勤務日数は一六日間で、月収は約二〇万円

話をリョウさんに戻す。リョウさんは私大の大学院を修了。自治体で社会教育や生涯学習に関わる仕事に就きたいという希望はあったが、このころすでに、社会教育指導員の採用はほとんどが非正規だった。

一方、当時はリーマンショックの直後で、周囲の友人たちは内定が取れずに苦戦していた。

就職活動に、いたずらに時間と気力を奪われるよりは、非正規雇用でも、やりたい仕事に挑戦してみようと決意。雇い止めにされた自治体とは別の自治体の採用試験を受け、社会教育指導員として働き始めた。

毎月の勤務日数は一六日間で、月収は約二〇万円。フルタイムで働いても、ワーキングプアという典型的な非正規公務員と比べれば、年収はかろうじて二〇〇万円を超えた。仕事の面でも、高齢者や若者向け講座の企画、運営に携わるなど、着実にキャリアを重ねることができたという。

数年後、社会教育行政に力を入れているという評判を耳にしていた、別の自治体に転職。リョウさんは「ステップアップのつもりでした」と話す。

ところが、勤続三年を過ぎたころ、ある新規事業の立ち上げを任されることになり、業務が急増した。通常の仕事に加え、新規事業に必要な備品や消耗品のリストアップや、民間事業者との打ち合わせ、職員向けマニュアルの作成など、果ては議会に提出するための資料作りまで命じられた。

転職先の自治体でも、リョウさんの勤務日数は、要綱で「一六日以内」と規定されていた。連日で出勤できるとは限らず、正規公務員のように、その日に終わらなかった仕事を翌朝に片づけるといった、やり繰りができない。このため、いったん出勤すると、長時間勤務にならざるをえなかったし、休日のたびに持ち出しても支障がない資料を持ち帰っては、仕事を続けた。帰宅する電車の中でもパソコンを開き、作業に追われたこともあったという。

後になって、こうした残業時間を計算したところ、一カ月で六〇時間を超えた月もあった。しかし、残業代などの手当は一切、支払われなかったという。

寝つきが悪くなり、酒量が増え、ついに限界がきた

「仕事の内容は、非正規の職務や責任の範囲を超えていました。仕事の量も、一六日勤務でこなせる限界を超えていました。社会教育指導員には、昼過ぎから夜間までの遅番勤務があるのですが、休み明けの昼過ぎに出勤すると、夕方までに資料を作成しろという命令が下りてきているんです。到底無理。事業のスタートが近づくにつれ、期限に余裕のない、思いつきのような指示がポンポンとふってくるようになりました」

次第に寝つきが悪くなり、酒量が増え、ついに限界がきた。

またしても急な命令で開かれることになった会議で、資料作成や会場準備が間に合わなかったのだ。結局、会議のスタートが遅れるなどの支障が出た。さらに、後日、開かれた研修会の席で上司から「準備不足」「時間の無駄」などと叱責されたという。

そしてある朝、布団から起き上がることができなくなった。初めての無断欠勤――。病院でうつと診断された。

リョウさんの場合、残業が月六〇時間とはいえ、もともとの勤務日数が少ないので、過度の長時間労働があったとまでは言えない。ただ、残業代の未払いは法令違反だし、一六日勤務ではこなせない量の仕事を押し付け、叱責するのは、典型的なパワハラのひとつ「過大な要求」に当たる。

リョウさんは「限られた条件の下で、懸命に期待に応えてきたつもりです。（叱責した上司は）非正規の働かせ方も知らないんですよ。プライドが傷つきました」という。体というより、心が壊れた、ということなのだろう。

「一カ月の勤務日数は一六日以内」の違和感

病気休暇に入ると、正規公務員の同僚の中には、リョウさんを心配してくれる人もいた。しかし、いったん雇い止めが決まった後は、それ以上抗議の声を上げてくれることはなかったという。

要するに、メンタル不調に陥った場合、非正規公務員は事実上、即クビということだ。正規公務員なら、ブランクを重ねながらも、働き続けている人は少なくない。職場環境によるとはいえ、復帰を目指せる職場があるか、ないかとでは天と地ほどの差がある。

話は少しずれるが、私が官製ワーキングプアの現場を取材していて、違和感を覚えることの一つは、「一カ月の勤務日数は一六日以内」という、一部の非正規公務員に適用される勤務形態だ。これは、「勤務時間は、常勤職員の四分の三を超えない」という人事院規則に準じ、自治体側が持ち出した規定である。

しかし、非正規公務員の中でも、「主たる家計の担い手」が増えるなか、自ら一六日勤務を望む人がどれだけいるだろうか。一人暮らしをしたい、貯金をしたい、結婚をしたいと思えば、せめて任用期間中はフルタイムで働き、もっと稼ぎたいと考えるのではないか。

実際、一六日勤務の非正規公務員の中には、ダブルワークやトリプルワークをしている人もいる。いずれにしても、地方自治体はこんな中途半端な雇用を生み出し、いったい、どこへ向かおうとしているのか。

なぜ男性は「成果物」を見せるのか？

リョウさんに話を聞いたとき、彼がいちばん初めにしたことは、自分がこれまでに執筆した記事が載っている専門誌や冊子などを、テーブルいっぱいに広げたことだった。

男性を対象にした本連載では、自身が手掛けた書籍や論文、作品などの〝成果物〟を私に見せてくる人が時々いる。「履歴書代わりに」「私のことを知ってもらうために」など、理由はさまざまだが、担当編集者に尋ねたところ、女性の貧困を取材する現場では、そのような場面にはまず出合わないという。

男性はプライドが高い、と言いたいのではない。

かつて理不尽な差別に遭うのは「女性」だった

かつて、非正規公務員として働き、理不尽な差別に遭うのはもっぱら女性だった。それがいつの間にか、公務職場に限らず民間でも非正規雇用で働かざるをえない男性が増えた。個人の努力や能力の問題というより、社会の構造が変わったのだ。

取材で話を聞いた男性の多くが無能ではないことを、私は知っている。彼らが過去の成果物を見せるのは、彼ら自身が、いまだに『男は働いて家族を養うべきだ』といった、ジェンダー規範に呪縛されているからではないか。理想と現実のギャップが大きければ、雇い止めに遭い、貧困に陥ったことへの敗北感は強烈だろう。

この二年間、リョウさんは傷病手当金を期限まで受け取った後、現在は失業保険を受けている。実家暮らしのため、生活は何とかなっているが、失業保険もまもなく受給期限を迎える。その後は、なんとか障害年金を受けられないか、考えているという。

「就職活動もしています。でも、まだ働く自信がないんです」。そう語るリョウさんの表情は乏しく、怒りもなければ、覇気もないように見えた。心は今も、打ち砕かれたままだ。

公立病院でブラック労働させられた男性の告発

業務委託で働く職場で「奴隷」呼ばわりされた

「お前らなんて奴隷みたいなもんだろ」

都内の公立病院で調理補助の仕事をしていたハルオさん（仮名、三六歳）は、職場の調理師からこう言われ、胸ぐらをつかまれた。ハルオさんは病院が外部委託した民間事業者の契約社員。これに対し、調理師は病院が直接雇用した公務員である。とんでもない暴言だが、年収二〇〇万円の委託先労働者が奴隷としか言いようがない格差の下で働いていることもまた事実だった。

典型的な「ブラック職場」

問題は賃金水準だけではないと、ハルオさんは言う。まず、会社から最初の三カ月間は社会保険はなしだと言われた。理由は「す

「私が経験したのと同じような官製ワーキングプアの現場はほかにもあると思います」というハルオさん。今は相談する側から、相談を受ける側になった。（筆者撮影）

ぐに辞める人がおり、（加入させると）入退社の手続きが煩雑になるから」。意味不明だし、違法である。ハルオさんはその後、一年以上にわたり社会保険未加入の状態を強いられた。

また、始業前の着替えや手洗いの時間は〝ただ働き〟。専用の白衣や帽子を身につけ、規則にのっとった手洗いを済ませるには、どんなに急いでも一〇～一五分はかかる。過去の判例によれば、業務に必要な着替えなどは労働時間とみなされるが、会社はこれを無視。始業時刻の三〇分前には出勤し、準備を済ませるよう指示していたという。

時給労働者にとって、毎日三〇分のただ働きは痛い。加えて三〇分間の休憩もなかなか満足には取れなかった。休憩に入る直前、決まって何百人分もの食器の配膳やコメの計量など、短時間では到底終わらない仕事を振られるからだ。

ハルオさんの告発は続く。

「労災隠しもありました。職場に来る途中で車にぶつかって捻挫したという社員がいたのですが、会社は『労災にはならない』と言いくるめた挙句、そのまま働かせていました。あと外国人労働者の待遇もひどかったです。彼らは私たちより給料が低いうえ、室温が四〇度を超えることもある洗い場に配属されることが多く、熱中症で倒れる人もいました」

外国人労働者は、中国や韓国、フィリピン出身者が多かったという。あるとき、発音が聞き取りづらい外国人に対し、正職員の調理師が「国へ帰れ！」と怒鳴りつけているのを聞き、ハルオさんが間に入って止めたことがある。以来、この調理師から目の敵にされるようになった。冒頭の〝奴隷発言〟の主は、このときにもめた調理師だという。

典型的な「ブラック職場」で、ハルオさんが最もひどいと感じたのはハラスメントだった。

怒声に怯え、ミスが頻発

正職員の調理師らが、新しく入ってきた若い女性の調理補助員に対し、突然後ろから抱きついたり、執拗に飲みに誘ったりする。そうかと思うと、配膳や盛りつけの方法が違うと言って「馬鹿野郎」「ふざけんな」と怒鳴る。委託先会社の上司は見て見ぬふり——。

「例えば盛りつけ一つとっても、手袋をして取り分けるのか、トングを使うのか、菜箸を使うのか、調理師によって違うんです。衛生上問題がなければ、どれも正解。なのに、自分のやり方と違うというだけで怒鳴られる。一日、二日で辞めていく人もいました」

一般的に労働環境が荒れると、製品やサービスの質が劣化する。

ハルオさんの病院では、入院患者向けの食事に小さなゴキブリや虫、舐めかけの飴などの異物が混入したり、アレルギーを持つ患者にエビや卵が入った食事を提供してしまうなどのオーダーミスが頻繁に起きたという。

「みんないつ怒鳴られるかとびくびくしていますから、どうすればミスを減らせるか考える余裕なんてありません。それに、こうしたミスはすべて委託先の調理補助員のせいにされました。正職員の責任が問われることは一度もなかった」とハルオさん。面と向かって奴隷と言い放つ人は一人だけだったが、〝最下層〟の委託先労働者には何をしてもいいという空気は職場中にはびこっていたという。

こんな病院、絶対かかりたくない——。ハルオさんの話を聞き、心底そう思った。

公務の外部委託先が官製ワーキングプアの温床に

国や自治体の財政難を背景に、公務を民間事業者に外部委託することは、いまや当たり前の光景となった。清掃や夜間警備、窓口業務、電話交換、水道の検針業務——。委託料を圧縮したい自治体と、なんとしても受託したい事業者の間で、入札価格はぎりぎりまで抑えられる。しわ寄せを受けるのは、委託先労働者の人件費。公務の外部委託の現場が官製ワーキングプアの温床となるわけだ。

実は、ハルオさんは調理補助員として五年ほど働いたが、その間に受託事業者が変わった。新しい事業者はさらに安い委託料で落札したと、後になって聞いた。社会保険未加入やただ働きなどの不法行為が起きたり、異物混入やパワハラといったトラブルが増えたのは、新しい事業者に変わってからだという。

念のため。ハルオさんにはいたずらに公務員を批判する意図はない。「公務員である調理師も、病院による効率化や経費削減のプレッシャーを受けていたと思います。そのストレスを〝格下〟の委託先労働者にぶつけていました」とハルオさん。「正規公務員VS非正規公務員」ではなく、あくまでも国や自治体における行き過ぎた効率化と、「安かろう、悪かろう」がまかり通る外部委託の構造が、ゆがんだ格差を生み出しているのだという。

こうした職場で、ハルオさんはあらゆる局面で会社に抵抗した。着替えや手洗いは業務時間内に行ったし、休憩もきっちり三〇分取った。同僚らよりも調理場に行くのが遅れると、そのたびに「遅刻だ」と叱責されたが、「だったら賃金を払ってください」と突っぱねた。病院側の意向を受けた会社が、破損した食器の代金を調理補助員の給与から天引きしようとした際も、違法だとして撤回させたという。

委託元である病院や会社にしたら、さぞ煙たい存在だったことだろう。昨年、ついに病院側から「毎日遅刻してくる」「調理師の指示に従わない」などの苦情が出ているという理由で雇い止めを通告された。これに対し、ハルオさんはこう反論した。

あまりの正論に対し会社は…

「まず、着替えは必要な業務なので遅刻ではありません。それから、調理補助は委託業務なので委託元の調理師の指示は受けられません。偽装請負になってしまいますから。（苦情には）なにひとつ正当性がなく、（雇い止めには）応じられません」

あまりの正論を前にぐうの音も出ない会社は、今度はハルオさんを別の委託先である公立学校の給食の洗い場へと配置転換した。さらにシフトを短縮、月収は一〇万円にまで落ち込んだ。〝兵糧攻め〟である。

たまりかねたハルオさんはユニオンに加入。団体交渉の結果、納得できるだけの金額を提示されたので、今年に入り、金銭和解に応じたという。

まじめに働いても借金する人がいる

世の中には不当な扱いをされても、泣き寝入りする働き手は少なくない。失業するわけにはいかないからだ。なぜ、ハルオさんはここまで正論を押し通すことができたのか。一つには、ハルオさんが社会保険労務士（社労士）と宅地建物取引士（宅建）の資格を持っていたからだろう。

ハルオさんが都内の大学を卒業した当時、世の中は就職氷河期の真っ只中。「まともな就職先」は望めなかった。実際、いくつかの会社で働いたが、正社員として雇用されたことは一度もない。転機となったのは、消費者金融で督促の仕事を経験したことだという。

「それまでは借金なんて、派手に遊んだり、計画性がない人がするものだと思っていました。でも、実際にはまじめに働いても、事業に失敗したり、失業したりして従業員や家族ために借金をする人もたくさんいました。（借金苦から）自殺した人も見てきました。このときの経験が、労働と貧困という問題に関心を持つきっかけになったように思います」

その後、営業職にも挑戦したが、いわゆる「名ばかり事業主」で月収一〇万円にも届かなかった。こうなったら自分の力でなんとかするしかないと、調理補助の仕事をしながら、社労士と宅建の資格を取得したのだという。

つまり、ハルオさんは調理補助の仕事をいつでも辞めることもできたわけだ。なぜ、ここまで病院や会社との徹底抗戦にこだわったのか。

「『ブラック職場』をとことん経験してやろうと思ったんです。意地もあったかもしれません。ユニオンに入った理由ですか？　会社に話し合いに応じる義務が生じるからです。私が一人で会社に抵抗しても、会社から『嫌なら訴えれば』などと話を打ち切られたら、どうしようもないんですよね。でも、ユニオンに入れば、個人でも会社と対等に交渉ができます」

現在、ハルオさんは、自分の問題の解決にかかわったユニオンの専従職員となり、労働相談を受けている。働きながら資格を取ることは容易ではなかったが、早々に社労士の知識が生きることになった。大学卒業以来続けているベースの演奏などによる収入を合わせると、月収は三〇万円ほどだという。

年度の変わり目に加え、新型コロナウイルスの影響で、相談者は増えている。ハルオさんには、電話や訪問による相談の合間を縫って話を聞いた。一歩も引かず会社と渡り合ったタフさとは対照的に、終始柔らかな物腰で話を聞き出す姿を見ていると、労働相談はハルオさんに向いているのかもしれないと思う。

取材後、ハルオさんが働いていたという会社のホームページをのぞいてみた。全国各地の自治体や企業から清掃や給食などの業務を広く請け負っているようだ。明るい日差しの下、エプロン姿の女性やマスクと帽子を着用した男性がほほ笑む写真を掲載し、「必要な労力を、必要な期間だけ提供」「低コスト、高効率の実現が可能」とうたっている。

社会保険料の企業負担をケチり、社員にただ働きさせ、外国人労働者から搾取すれば、そりゃあ、低コストも実現できるよね――。思わず声に出して突っ込んでしまった。

「困窮支援相談員」の呆れるほどに悲惨な待遇

「ハローワークの内側」も貧困の巣窟だった

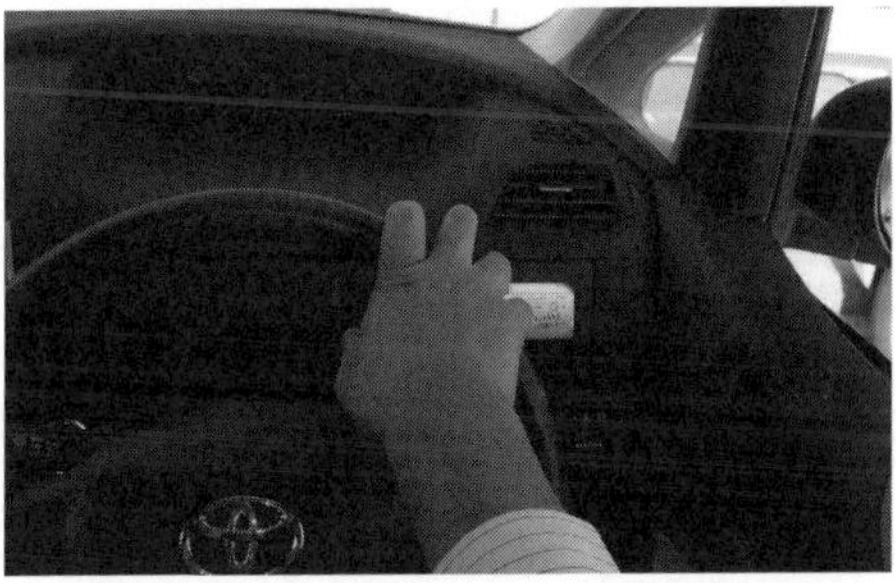
相談員の待遇の悪さに嫌気がさし、警備会社に転職したコウヘイさん。人事担当だが、実際には深夜早朝を問わず、社用車でさまざまな現場に派遣される。相談者の仕事を辞めても地獄、戻っても地獄―（写真：コウヘイさん提供）

今回紹介するのは「大阪市のある区役所で生活困窮者自力支援の相談員をしていますが、自分は給料は上がらず契約は三カ月更新です」と編集部にメールをくれた、四九歳の男性だ。

二〇〇八年のリーマンショック。勤めていた会社が倒産したコウヘイさん（仮名、四九歳）は連日、ハローワークに通い詰めていた。所内は失業者であふれ、インターネットで検索をするのに三〇分待ち、紹介状を出してもらうのに二時間待ちはざら。そんなとき、コウヘイさんの目にとまったのは、カウンターの内側で忙しく働く相談員たちの姿だったという。

「こっちは仕事がなくてヒーヒー言うてるのに、(カウンターの)向こう側は人手不足。不況でも忙しいなんてうらやましい職場やなぁと思いながら眺めていて、ふとひらめいたんです。『そうか!カウンターの内側に座る人間になればいいいんや』と。そのときは、すごくいいアイデアを思いついたと思ったんですけどね……」

手取り一六万円、契約期間は長くて三カ月

関西地方出身。私立大学を卒業後、大手自動車メーカー系列の販売会社に就職したものの、リーマンショックのあおりで失業した。「二〇〇社以上、応募書類を出しても就職が決まらない」追い詰められた状況の中、〝相談員〟に転職することを決意したのだ。

しかし、「すごくいいアイデアを見つけた」という高揚感は、すぐに失望へと変わった。コウヘイさんはスキルを身に付けるため、まず大阪府内のある自治体による若者向けの就労支援事業の相談員として働き始めたのだが、労働条件が驚くほど悪かったのだ。雇用主は自治体ではなく、事業を受託した民間企業。雇用期間一カ月の準社員で、月収は二〇万円に満たないうえ、交通費の支給もなかった。

働き始めてすぐに、〝目標〟として定めたハローワークの相談員も、ほとんどが一年ごとの契約更新を繰り返す非正規職員であることを知った。

就労支援の相談員はどこも細切れ雇用で、やむをえずいくつかの職場を渡り歩いたが、待遇は似たり寄ったり。自治体肝いりの取り組みのはずなのに、自治体職員として採用されたことは一度もなかった。いずれも事業を受託したパソナやテンプスタッフといった大手派遣の系列会社の契約社員という身分だったという。

「契約期間は長くて三カ月。月収はどこも二〇万円くらいだったので、手取りだと一六万円にしかなりませんでした」

相談員のあまりの待遇の劣悪さに驚いたコウヘイさんは、この間何度か一般の民間企業に就職しなおしたこともある。ただ長引く不況下で中途入社できたのは、いわゆるブラック企業が多く、月一〇〇時間近いサービス残業を強いられたり、労働基準法に触れる採用や労務管理を担当させられたりした。

非正規雇用でワーキングプアの相談員か、ブラック企業の正社員か——。決めかねては転職を繰り返していた二〇一五年、生活困窮者自立支援制度が本格的にスタートした。

やっとまともな待遇で働けると期待したが

生活困窮者自立支援制度とは、就労支援のほか住居や子どもの教育など貧困にかかわるあらゆる問題にワンストップで対応することが目的。運用は生活保護と同じく各自治体に任された。当時は生活保護に至る前の「第二のセーフティーネット」として喧伝され、コウヘイさんとしても今度こそ相談員としてまともな待遇で働けると期待したという。

「ちょうどハローワークの相談員と、ある自治体の生活困窮者自立支援の相談員、両方の採用試験に受かったんです。困窮支援のほうの月収が五〇〇〇円高かったので、そちらを選びました」

相談員としての本当の絶望が始まった

このときは三年間の任期付職員として自治体に採用された。月収は約二〇万円だったが、初めて自治体職員として採用され、ボーナスも出た。「三年間の任期付なんて、言いかえれば三年後にはクビということですが、そのときは『三年も働けるんだ』とうれしかったです。ボーナスをもらったのも、初めてのことでした」。

しかし、相談員としての本当の絶望はそこから始まった。

貧困状態となった人々と直接向き合う仕事の精神的な負担は重かった。親族と絶縁状態の独り暮らしの高齢者や、離婚したばかりのシングルマザー、重い精神疾患を抱えた人――。窓口では、こうした人々の悩みや不安に長時間耳を傾けることも多かった。

「経済的な事情で子どもに手をかけてしまい、刑務所から出てきたばかりだという女性を担当したこともあります。何時間も相談にのったのに、結局『公務員が税金の無駄遣いしやがって！　死ね！』と罵倒されたこともありあます。『死にたい』と言っていた人が本当に自殺してしまったときは、自分の対応がベストだったのかとずいぶん引きずりました」

職場では残業代は出たものの、残業をすると後日、早退や休日の取得を強いられた。残業代に相当する人件費を抑えることが目的だ。結局月収はきっかり二〇万円。業務量が減るわけではないので、忙しさだけが増したという。

それでもいつかは正規職員になりたいと、社会福祉主事の資格を取得した。ただ、受講料やスクーリング（面接授業）の交通費や宿泊費などを合わせると費用は二〇万円を超えた。コウヘイさんは「私が通った学校は、スクーリングの宿舎がなぜか葉山にありました」とこぼす。

カツカツの生活の中で、どうして高級避暑地まで出向かなければならないのか。まるで貧困ビジネスではないか――。ほかにもキャリアコンサルタントやキャリアカウンセラーといった資格も取りたかったが、学校やスクールに搾取されるだけで、見合った待遇アップも望めないと思うと、それ以上自腹を切る気にはなれなかった。

三年後には契約どおり雇い止めに。その後は事業を受託した社会福祉協議会や民間企業の相談員として働いた。いずれも非正規雇用で雇用期間は一年、ボーナスはなし。キャリアを積み、資格を取っても、結局「手取り一六万円の世界」から逃れることはできなかった。

一方で事業を担う自治体からは、相談者には安定して働ける仕事を紹介するよう求められる。コウヘイさんによると、夜勤などがある職場の場合、正社員で月収二十数万円という就労先もある。「相談者が自分よりも待遇のよい会社に就職していくこともあります。そんなときは素直によろこぶことはできませんでした」と打ち明ける。

「典型的な官製ワーキングプアやな」

相談員同士、「来年の今ごろは私らが相談する側になるかもしれへんな」「典型的な官製ワーキングプアやな」と愚痴をこぼし合うことも。モチベーションを維持することは難しく、「相談者が希望する職種ではないとわかっていても、『もうここでええやろ』『なんとかこの会社に放り込まな』と思ってしまう自分もいました」という。

また、業務を請け負った事業者にとっては、相談件数などの実績が評価の対象になる。このため、相談員たちは路上でホームレス状態にある人に声を掛けて窓口に連れてくるよう指示された。ノルマを課させることはなかったが、上司からはたびたび「(仕事が)向いてない人は契約解除だからね」とプレッシャーをかけられたという。

コウヘイさんは「いずれにしても、独り暮らしもできない、結婚もできないような、給料に見合う仕事じゃないんですよ」と憤る。そしてこう続けた。

『あんたに話を聞いてもらえてよかったわ』と言ってくれた人もいたし、履歴書の書き方や面接の方法を教えたら、自治体の窓口にわざわざ『いい相談員に出会えた』という声を寄せてくれた人もいました。受け取れないと言っているのに、『お礼に』と缶コーヒーを山ほど買ってきてくれた人もいました。やりがいがなかったわけじゃないんです。

「生活困窮者自立支援制度は必要な制度だと思います。でも、肝心の相談員の待遇をちゃんとしないと、よいサービスは提供できません」

変わらぬ「生活困窮者自立支援制度」の実態

困窮者を支援するはずの公共サービスの足元で、大勢のワーキングプアが生み出される――。たちの悪い冗談のような構造については、生活困窮者自立支援制度がスタートしたばかりのころ、本連載でも何度か指摘してきた。コウヘイさんの話を聞き、実態はなんら変わっていないのだと思い知った。

労働の現場を取材していると、給与水準や待遇が仕事の重要性や大変さに見合っていないと感じる職種がいくつかある。介護職員や保育士、バス運転手、警備員、清掃員など。ハローワークや困窮支援の相談員もその一つだ。「エッセンシャルワーカー」などという美辞麗句とは裏腹に、雇用政策を担う側や企業が結局はこうした仕事を〝下〟に見ているということの表れなのではないかと感じる。

実はコウヘイさんは昨年、相談員の仕事を辞めた。今は民間の警備会社で正社員として働いている。人事担当者として採用されたのに、早朝や深夜に工事現場の警備に駆り出されることもあるなど労働環境はよいとはいえないという。もう相談員として働くことはないのだろうか。そう尋ねるとコウヘイさんはこう答えた。

「『もう見切りをつけました』ときっぱりと言えればいいのですが……。将来体が動かなくなって、食い扶持がなくなってどうしようもなくなったら、また戻るかもしれない。今はそんな気持ちです」

現在のコロナ禍。案の定、生活困窮者自立支援の窓口には多くの市民からの相談が殺到した。以前より相談員の処遇改善を訴えてきた大阪弁護士会の調査によると、新規の相談受付件数は前年の同じ時期に比べて五倍に増えた。就労に加え、住居確保給付金に関する相談が激増したためだ。現場は〝相談崩壊〟の危機に瀕しているという。

カウンターの内側では相談員たちが電話や窓口での対応に追われている。実態を知らないと、たしかに不況知らずの公務職場で働く公務員のようにもみえる。カウンターの外側。順番を待ち続ける人々の背中を見ながら、この中から第二のコウヘイさんが出てくるのだろうかと、ふと思った。

四八歳「市の臨時職員」超ブラック労働の深刻

勤続一〇年以上で年収は一九〇万円に届かず

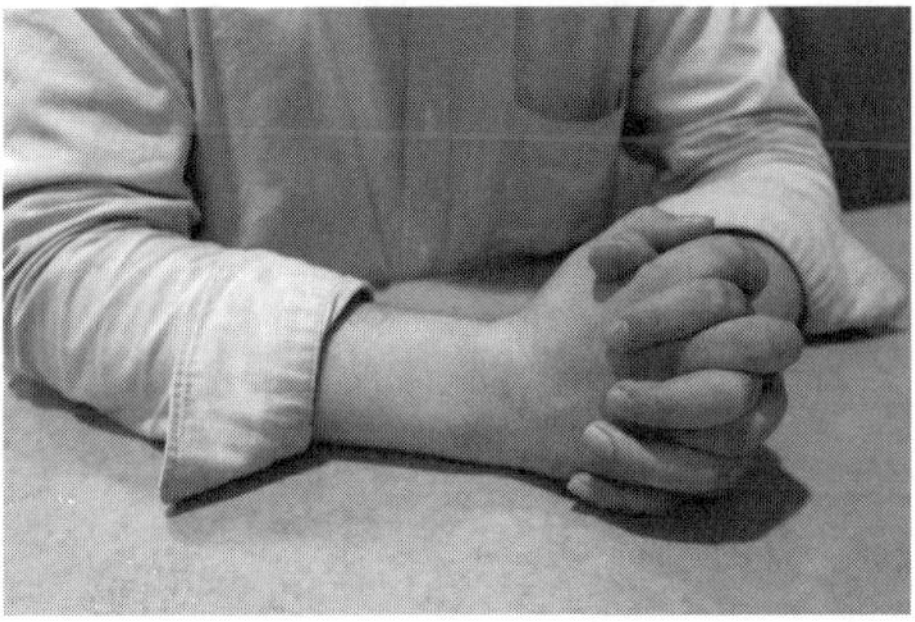

昼休みが一〇分しか取れないことも珍しくないというヨシツグさん（編集部撮影）

今回紹介するのは、「市の臨時職員として働いているが、市長が変わっても正規職員に登用される見込みもなく不安になっている」と編集部にメールをくれた四八歳の男性だ。

「すみません。年度末は時間が取れそうにありません」

「今週、来週ですが、（四月に）異動してきた正職員の指導や、引き継ぎなどがあり日程的に厳しいです」

首都圏のある地方自治体に勤める臨時職員のヨシツグさん（四八歳、仮名）に、最初にメールで取材のお願いをしたのは二月下旬のことだった。仕事が立て込んでいるなどの理由で、何度か日程のキャンセルと再調整を繰り返した。ようやく会えたのは五月の連休明け。年度の変わり目とはいえ、非正規公務員もここまで忙しいものなのか。

「忙しいです。昼休みが一〇分くらいしか取れないことも珍しくありません。弁当をかきこんで終わりです。昼ご飯を食べる時間もないような民間のひどい会社に比べたら、まだマシと言われてしまうかもしれませんが……」

典型的な「官製ワーキングプア」

税務部門で、土地や家屋に関する税額を算定する仕事に携わっているヨシツグさんはさらにこう続ける。

「二月、三月は申告関係の書類が集中して提出され、案件によっては記載内容が正しいかどうかを電話などで確認しなければなりません。四月は記載に誤りがあったり、駆け込み申告されたりしたケースについて、納税通知書の差し替え作業に追われます。年度によっては（正規の）新人職員が配属され、教育係を任されます。残業時間はそう多くはないのですが、日中はつねに時間に追われている感じです」

勤続一〇年以上。フルタイムで働きながら、年収は一九〇万円に届かない。典型的な「官製ワーキングプア」である。

非正規公務員ならではの大きなストレス

ただでさえ忙殺される年度末、ヨシツグさんには、さらに非正規公務員ならではの大きなストレスがある。この時期、契約更新のための面接を受けなければならないのだ。「四月以降も自分はここで働けるだろうか——。毎年、不安で仕方ありません。三月中旬に面接が行われた年もあり、このときは本当に胃が痛くなりました」と振り返る。

ヨシツグさんにとっていちばんの不満は賃金の低さである。

働き始めて一年目、上司から給与の引き下げを打診された。年収ベースで約二〇万円のダウン。このとき、「(引き下げに)同意するなら契約を更新する」と告げられた。一方的な賃金カットは法律でも原則禁止されているが、失業したくない非正規労働者にとって拒絶するという選択肢はない。ヨシツグさんもはらわたが煮えくり返る思いを押し隠し、賃下げを受け入れたという。

ヨシツグさんは「正規職員と同じ仕事をしているんですから、同一労働同一賃金を守ってほしい」と訴える。

総務省が実施した「地方公務員給与実態調査」に基づくデータによると、ヨシッグさんが勤務する地方自治体の職員の平均年収はおよそ七〇〇万円。一八〇〇近い自治体のうち上位一〇〇団体にランクインしている。残業は主に正規職員が担っているとはいえ、彼の年収は正規職員の四分の一ほど。「あまりにも差がありすぎます」。

公務員試験合格は格差の根拠となるのか？

正規職員の中には、難関とされる公務員試験を突破したことをもって格差の根拠とする人もいるが、ヨシッグさんはこう持論を展開する。

「肝心なのは、非正規も正規も日々の仕事に違いはない、ということです。試験に受かったのは事実でしょうが、それは通過点にすぎない。ここまでの格差を正当化する根拠にはなりません」

正規職員の同僚らはボーナスの支給時、さりげなくその話題を避けるなど気を使ってくれるという。職場の人間関係には恵まれているが、それによって賃金格差への不満が和らぐことはない。「(職場には)一〇〇〇万円プレーヤーもいます。私たちのような臨時職員を安く使いながら、彼らにさらにボーナスを支給する必要がありますか」とヨシツグさんは怒る。

大学を卒業後、地元の金融機関に就職。年収は三五〇万円ほどあったが、別の金融機関に吸収合併されたのを機に辞めた。

ヨシツグさんに言わせると、合併相手の金融機関は、地元では融資の回収方法が強引などと評判が悪かったほか、同業者の間でもノルマが厳しいとのうわさがあった。合併に向けた準備は先方の金融機関社員の指示の下で進められ、このときは連日深夜までのサービス残業と休日出勤を強いられた。わずか数カ月で体重が一〇キロ落ち、これは体がもたないと、退職を決めたという。

子どもを持つことは「ギャンブルでしかない」

現在は両親と同居。自分の雇用形態や給与については詳しく話していない。自宅から電車の最寄り駅まで、バスなどを乗り継いで一時間以上かかるため車は必需品だと言い、車両の維持費や実家に入れる「家賃」などを差し引くと、貯金をする余裕はない。「一人暮らしは到底無理」。

結婚については「願望がないわけではありませんが、今のままでは（相手に）絶対に迷惑をかけます」

と躊躇する。結婚する場合、共働きが条件となる。ヨシツグさんは「生活のために働いてもらわなくてはならないというのが、どうにも申し訳なくて。どこかに、〝家計を支えるのは男〟という古い考えの自分がいるんだと思います」と分析する。

また、子どもを持つことは「ギャンブルでしかない」と言う。「今の仕事だっていつまで続けられるかわからない。その先はもっとわからない。（非正規労働者にとって）子どもを育てることは、危険すぎるギャンブルです」。

現在も定期的にハローワークに通うなど就職活動を続けている。条件は「生活できるだけの給料と、うつ病にならない程度の（業務の）密度」。誰もががむしゃらに働き、仕事で自己実現したいと思っているわけではない。ヨシツグさんの希望は当然で、簡単なことのはずなのに、実際にはこれらの条件を満たす仕事を見つけるのは難しいのが現実だ。

「**労働組合には不信感しかない**」

ヨシツグさんに話を聞く中で、どこまでも平行線をたどった話題がひとつあった。職場の労働組合をめぐる評価である。

実は、ヨシツグさんの給与は今年四月から大幅にアップした。年収で約二〇万円の増加。自治体の正規職員らでつくる労働組合が市と交渉した結果だという。しかし、彼は「労働組合には不信感しかない。まったく信用していない」と突き放す。なぜなのだろう。

「(勤続一年目で)賃下げされたとき、労働組合に匿名で投書をしたのですが、無視されました。世間で〝非正規の待遇がひどい〟と騒がれるようになってようやく動くなんて遅すぎます。それに、今回は(一部の嘱託員など)賃金が上がらなかった職員もいます。それなのに、労働組合はまるで非正規職員全員の賃上げを勝ち取ったかのように、ビラなどで大々的にアピールしたんです」

ヨシツグさんによると、給与は今回の賃上げにより、一〇年前の水準に戻ったにすぎない。一方で職場の労働組合に加入している非正規職員はゼロで、彼自身も組合員ではないという。

「労働組合なんて入ったら、即雇い止めです」

私はあえて彼に「正論」をぶつけてみた。

――労働組合は基本、組合員の利益のために賃上げや労働環境の改善に取り組む組織である。そして賃上げは本来、働き手が労働組合に入るなどして、自らが要求して勝ち取るものだ。今回、労働組合は自分たちの『取り分』を削り、組合員ではない非正規職員のために賃上げを実現させたのであり、ヨシツグさんは、組合に入って声を上げることもせず、組合費も払わず、利益だけを享受したということになるのではないか――。

すると、ヨシツグさんはこう反論した。

「労働組合なんて、入れるわけないでしょう。そんなことしたら即雇い止めです」

「非正規」で働くことの現実

十数年前、私が非正規労働者の過酷な働かされ方について記事を書くと、正社員を中心とした、主に企業内労働組合の組合員から「まずは正社員が直面している賃下げや不当解雇の問題について書くべきだ」「正社員の待遇が上がれば、それと連動して非正規社員の待遇も改善される」と指摘され、議論になったことが何度かあった。そして現在――。本音は知らないが、さすがに表立ってそのような物言いをする労組関係者はいなくなった。

多くの労働組合が非正規労働者の組織化や待遇改善に取り組むようになった「変化」を、私は肯定的に眺めてきた。しかし、当の非正規労働者から見える景色は少し違うのかもしれない。長年にわたり無視され、冷たく見放されてきた恨みは簡単に払拭できない。「一〇年前の賃下げを行ったのは自治体であり、労働組合ではない」という「正論」はヨシツグさんにとってはさして重要ではないのだ。

ヨシツグさんと会ったのは、彼の希望もあり、職場の最寄り駅からは五駅ほど離れた場所だった。理由は「職場の人に見られるとまずいから」。

非正規労働は自由に選べる多様な働き方のひとつなどというのはきれいごとだと、あらためて思った。賃金カットにノーと言うこともできない。自らの給与について親にさえ屈託なく話すこともできない。仕事の不満を語るのにも人目をはばかり、クビが恐ろしくて労働組合に入って権利を主張することもできない——。これが非正規で働くことの現実である。

この日の天気は土砂降り。視界不良の中、マイカーで遠い家路につくヨシツグさんを見送った。

月収一二万円で働く三九歳男性司書の矜持と貧苦

勤続一五年でも給与水準は採用時からほぼ同じ

努力や経験が評価されないことが残念だと話すショウタさん（編集部撮影）

今回紹介するのは、「記事（四八歳「市の臨時職員」、超ブラック労働の深刻）を拝読し、まさに自分たちのことだと思いメッセージさしあげました」と編集部にメールをくれた三九歳の男性だ。

猛暑にもかかわらず、首都圏のある公立図書館は多くの人でにぎわっていた。ベビーカーに何冊もの絵本を入れた親子連れや、盆栽関連の書籍を抱えたお年寄り、制服姿の高校生グループ――。ロビーでは、「戦争パネル展」が開かれている。真っ黒に日焼けした子どもたちが、空襲を受けた後の地域の街並みを収めた写真に見入っていた。

館内の児童書コーナーは、すべての棚が大人の腰ほどの高さにしつらえられている。図書館司書のショウタさんが（三九歳、仮名）が「うちでは、子どもの目線の高さに合わせて本を置いています」と説明する。

郷土に関する資料・書籍を展示するコーナーでは、自治体の花が選定された由来や、地元の地名にまつわるエピソードをよどみなく教えてくれた。

「民主主義の社会では、市民一人ひとりが自ら勉強をして、賢くならなければなりません。そのための知識や情報を提供し、市民の勉強を助けること。それが司書の役割です」

大学生のころ、ボランティア活動で知り合った図書館司書から教えてもらった言葉である。当時、大学では理学部で地学を専攻していた。この言葉が、専攻とは畑違いの司書を目指すきっかけのひとつとなり、そして、今も揺らぐことのない道しるべになっているという。

司書の仕事の「醍醐味」

ショウタさんによると、司書の仕事は「貸出・返却」のほか、図書館で購入する本を決める「選書」、利用者が探している資料や書籍を提供する「レファレンス」などがある。中でも利用者の求めに応じ、さまざまな事典や総覧、データベースなどを調べてどんぴしゃりの資料・書籍を探し出すレファレンスは司書の腕の見せどころだ。

「よくテレビに出てくる女の人が書いた、〝なんとか、かんとかは正しい〟という名前の本」――。こんなあいまいな情報を基に、経済評論家・勝間和代の著書『起きていることはすべて正しい』を探し当てたときは、おおいに感謝された。

人と本が出合う機会を提供する

また、芥川賞を受賞した本だと言われたが、断片的な内容などから推測して直木賞作品も併せて提示したところ、その中に利用者が求める本があったこともある。

「（利用者が）希望する本がない場合でも、『代わりにこんな本はどうですか、こんな資料ならありますよ』と提案することも、大切な仕事です」。人と本が出合う――。そうした機会を提供することが、司書の仕事の醍醐味だという。

しかし、すべての司書がこうした水準に達しているわけではない。ショウタさんは勤続一五年。日本図書館協会が主催する研修や、知り合いの司書たちによる勉強会に参加するなどして、自分なりに研鑽を積んできた自負もある。

その自負とは裏腹に、ショウタさんは一年ごとに契約更新を繰り返す嘱託職員。週四日勤務で、毎月の手取り額はわずか一二万円ほどだ。給与水準は採用時からほとんど変わっていない。自治体の正規職員には支給されるボーナスも退職金もなし。健康診断の費用も自己負担だ。

「一年目の新人司書と、ベテランでは当然、スキルに違いがあります。でも給与は同じ。お金だけの問題だけではなく、努力や経験がなにひとつ評価されないことが残念です」

ショウタさんは自嘲気味に続ける。「僕の場合、持ち家に母と同居している〝パラサイトシングル〟だからなんとか生活できている。一人暮らしや結婚なんて、どこの別世界の話?という感じです」。

いずれは正規雇用の司書になれると考えていた

物心ついたとき、すでに両親は離婚。ショウタさんを引き取った母親は正社員として働いており、収入は安定していた。中学、高校は私立の有名進学校に進むこともできたという。

「頑張ってくれた母や、忙しい母に代わって僕を育ててくれた祖母に感謝しています。父も誕生日には本を贈ってくれましたし、(父を) 恨んだことはありません」

国立大学を卒業後、地元の公立図書館に採用されたときは、非正規公務員とはいえ、念願の司書になれるという喜びで、待遇などは二の次だった。追って採用試験に合格すれば、いずれは正規雇用の司書になれると考えていたという。

しかし、現実は厳しかった。地元にこだわらず、全国の自治体で正規職員が募集されるたびに試験を受けたが、いずれも不合格。多くの自治体が三〇歳以下、三五歳以下など受験に年齢制限を設けており、ぎりぎりまで挑戦を続けたが、ついに希望はかなわなかった。

文部科学省の社会教育調査によると、ショウタさんが働き始めた当時、全国の各自治体で採用された司書のうち、正規公務員の割合は七割近かった。彼がいつか正規採用されると期待したのも無理のない話である。しかし、その後、正規雇用の司書は減り続け、二〇一五年度には二九・六%にまで落ち込んだ。ここ数年、正規雇用の募集人員は全国で年間数十件にすぎないといわれる。

現在、ショウタさんの職場は八割が非正規公務員。このうち半数近くが司書資格を持っている。正規公務員の中にも司書はいるが、多くは三年ほどで異動していくという。

正規職員をバッシングつもりはないが…

ショウタさんは「オーバーワークの中で頑張っている正規公務員もいるので、彼らをバッシングするつもりはありません」と念押しする。そのうえで、選書や個人情報の取り扱いにおいて、正規職員のほうが軽率な対応をしがちなのは事実だという。

「市民からリクエストがあると、(嫌韓、反中などの)ヘイト本や、いわゆる萌え系の漫画などを必要以上に購入する職員もいます。市民にとって必要かどうかよりも、(リクエストした)市民からクレームを受けることを心配しているようです。

利用者がどんな本を借りたかについては、たとえ家族でも本人以外からの問い合わせに答えるべきではないのですが、正規職員が安易に対応してしまったケースもあります」

「労働組合」に助けられてきた

これまで、ショウタさんは働き続ける中で、たびたび労働組合に助けられてきたという。

一〇年ほど前、祖母の体調が悪化。ちょうど同じころ、労働組合が自治体側に働きかけ、非正規職員も介護休業を取得できるよう、制度を整えたのだという。これにより、当時はまだ働いていた母に代わり、ショウタさんが休暇を取ることができた。

「祖母に最期の恩返しができたのは、労働組合のおかげ」。ショウタさんはこれをきっかけに労組に加入。最近は、非正規職員たち自らが中心となって自治体側と交渉し、有給休暇の時間単位取得を実現させた。すでに、非正規職員向けにこの仕組みを導入している市町村の実例を調べて提示することで、当初、消極的だった自治体側を動かしたのだという。

「自分たちの労働条件を改善するのに、棚ぼたで待っているだけではダメなんです」とショウタさん。もっと大勢の同僚に組合員になってほしいが、雇い止めの心配もあるのだろう、なかなか加入にまでは至らない。それでも、非組合員の同僚が子どもの学校行事や通院のために、時間単位で有休を申請している姿を見ると、誇らしい気持ちになるという。

ちなみにショウタさんが加入しているのは、個人加入できるユニオンである。正規公務員を中心とした自治労や自治労連傘下の労組ではない。職場には、自治労系の労組があるが、まだ彼が採用される前、雇い止めにされそうになった女性の非正規職員がこの労組に相談したところ「パートのおばさんのことなんて知らない」と門前払いされたのだという。

二〇二〇年から事実上「毎年解雇」となる

今、ショウタさんが心配しているのは、二〇二〇年四月一日から始まる「会計年度任用職員」制度だ。これにより、彼を含む嘱託や臨時、非常勤といった非正規公務員のほとんどが会計年度任用職員へと移行される。

文字どおり会計年度ごとの任用になるので、事実上「毎年解雇」になるうえ、任用のたびに試用期間を経なくてはならない。雇用条件によっては、大幅な賃下げになる職員もいる。

「この問題に対処するには、正規職員の労働組合とも連携していく必要があると思うのですが……」とショウタさん。今のところ、自治労系労組からの歩み寄りはないし、ユニオンの側も過去のわだかまりを払拭しきれずにいる状態だという。

待遇だけ見ると「失敗」だが…

図書館内を案内してくれたショウタさんはとても誇らしげだった。しかし、彼が正規採用される道はほぼ閉ざされたといっていい。今後、待遇が劇的に改善されることもないだろう。司書という仕事を選んだことについて、彼はこう語る。

「待遇だけ見ると、どうみても失敗。それでも、司書の仕事は天職だと思っています」

ふと、かつて司馬遼太郎が「図書館司書には、その自治体の最高レベルの職員を充てるべきだ」と語っていたという話を思い出した。出典を知りたくてインターネットを検索したが、どうにも見つけることができなかった。

だから、取材後、ショウタさんにレファレンスをお願いした。司馬はいつ、どこで、この話をしたのか、あるいはそれは私の記憶違いなのか――。

ほどなくして、ショウタさんからメールが来た。

「もとは一九七一年の大阪市立図書館報に載った司馬さんのインタビュー『図書館と歩んだ私の青春』です。『週刊朝日増刊一二／一〇号』（一九九七年）の『司馬遼太郎が語る日本　未公開講演録愛蔵版三』の三〇四～三〇五ページに載っています。（雑誌は）すでに絶版ですが、うちは所蔵しています。ぜひ参考にしてください」

図書館司書の底力である。

あらためて雑誌を読んだところ、司馬は正確にはこう語っていた。

「自治体はまず最初に図書館をつくるくらいの気概を持たなければなりません。～中略～まず図書館を立派にしなければ街という感じがしませんね。それと、その市における最高の官吏に司書をやっていただけるといい」

司馬遼太郎のインタビューが掲載された週刊朝日増刊号（筆者撮影）

五五歳郵便配達員に生活保護が必要な深刻理由

期間雇用社員を苦しめる正社員との賃金格差

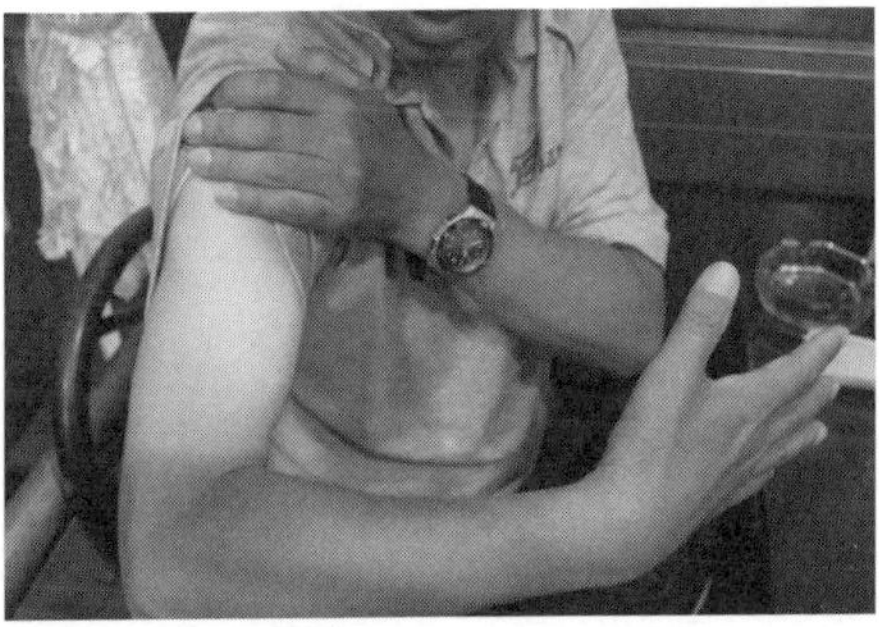
日々の郵便配達で腕が真っ黒に日焼けしている、三田剛さん（五五歳、仮名）

七月中旬、神戸市内の郵便配達員、三田剛さん（五五歳、仮名）に会った。期間雇用社員の三田さんの二の腕から先は早くも真っ黒に日焼けしていた。その日焼け具合は正社員となんら変わらないが、待遇には天と地ほどの違いがある。

たとえば昨秋、全国各地の社員たちが総出でこなした「マイナンバー通知カード」の配達。制度実施に先駆け、通知カードの入った簡易書留を全国約五四〇〇万世帯に一斉に配った。究極の個人情報の誤配は絶対に許されない。つねにない緊張感の下、社員らは通常の仕事をこなしながら、仕分けや住所確認などの作業に追われた。

このとき、正社員には年度末に七万～八万円の「奨励手当」が出たが、三田さんら非正規の期間雇用社員はゼロ。あまりの差別に「まったく同じ仕事をしてるのに、なんでやねん」とぼやく。

正社員の新人教育も仕事のうち

実際には「同じ仕事」どころではない。現在、三田さんはこの春に新卒で入社してきた正社員に「混合区」の配達方法を教えている。主に配達時刻が指定された速達や書留といった重要郵便物を配る混合区は、その都度、配達コースを工夫したり、配達中も臨機応変に道順を変えたりしなくてはならず、ここを任されるのは、社内でも担当区域に精通した優秀な配達員に限られる。業務用の住宅地図と首っ引きで指導をするのだといい、こうした新人教育はここ数年、彼の仕事のひとつにもなっている。

また、取材で会った日は郵便物が少なく、正社員のほとんどが定刻より一時間早く退勤できる「時間休」という制度を利用して引き上げていった。しかし、三田さんら期間雇用社員が使える時間休は正社員に比べて少なく、彼が使える時間休はすでに残っていなかった。このため夕方から一人営業に出掛けたと言い、「早速、(暑中見舞はがきの)〝かもめ～る〟の営業、一件取ってきましたで」と胸を張る。

雇用更新を繰り返して勤続一一年。混合区の配達も新人教育も任されるベテランだ。年賀はがきやかもめ～るなどの販売成績も局内トップクラス。しかし、年収は約三五〇万円。正社員以上の働きをしているのに、年収は正社員に遠く及ばない。

正社員と期間雇用社員の年収は…

日本郵政によると、現在、日本郵政グループ四社（日本郵政、日本郵便、ゆうちょ銀行、かんぽ生命保険）の社員総数は約四二万四〇〇〇人で、このうち半分近い一九万七〇〇〇人が非正規の期間雇用社員。平均年収は正社員六三七万円に対し、期間雇用社員は二三二万円である。

給与の違いだけではない。期間雇用社員には年末年始勤務手当も、住居手当も、夏期・冬期休暇も、結婚休暇も、扶養手当もない。ボーナスも平均月収のわずか〇・三倍。病気休暇も正社員が有給で年間九〇～一八〇日なのに対し、期間雇用社員は無給で年間一〇日が認められているだけ。ことほどさように福利厚生は、ないないづくしである。

期間雇用社員の中には自ら短時間勤務を選び、比較的単純で責任の軽い仕事を任されている人もいるが、一方で三田さんのようにフルタイムで働き、残業もこなし、家計を支えている働き手も少なくない。取材するかぎり、一部の非正規労働者とはいえ、ここまで悪びれることなく、正社員と同様の仕事を担わせている職場にはあまり出合ったことがない。

関西人らしいと言えばいいのか、三田さんはどんなときも「おいらの周りの正社員はみんなええ人やで。悪いのは会社やねん」と冗談めかして付け加えることを忘れない。それでも、ふと深刻な表情で「おカネの問題というよりは、心の安心の問題。いつもなんか（不測の事態が）あったら、どないしよという不安はあります」と漏らす。

泣く泣く「自爆営業」する期間雇用社員も

不合理な格差に加え、郵政の現場には「自爆営業」と呼ばれる習慣がある。社員一人ひとりに課された、年賀はがきや暑中見舞はがき「かもめ〜る」、ゆうパック商品などの販売ノルマを、自腹を切って達成するのだ。

二〇〇七年の郵政民営化前後、はがきなら多い人で一万枚超、ゆうパックは数十個単位のノルマはザラで、私は、国際郵便商品のノルマをこなすため韓国・ソウルのあるホテルに自分あての郵便物を送った後、自費でソウルまで飛んで受け取っていた職員や、ゆうパック商品十数万円分を自宅に持ち帰っては近所に配り歩いていた職員などのケースを数多く取材した。中には、「ノルマがこなせない」と母親に告げた後、自殺した職員もいた。

当時、郵政側にコメントを求めると、決まってこんな答えが返ってきたものだ。

「ノルマというものはない。ただ、営業目標はある。職員が自腹を切るような事例は把握していない。〝自爆〟という言葉が一部メディアで使われていることは知っているが、われわれとしてはそうした不適正営業はしないよう、各職場に通知している」

現在は、当時ほどあからさまなノルマの強制はなくなったとも言われるが、今もそうした習慣がなくなったわけではないし、雇い止めの不安からやむなく自爆する期間雇用社員はいくらでもいる。自爆について、三田さんは「自慢やないけど、一回もしたことありません。その代わり人の倍は営業せんといかん」という。一方で同僚の期間雇用社員が上司から「このままの評価やったら、次（次回の更新）、わかってるやろな」「ゆうパック、いくつ買うねん」と迫られて泣く泣く自爆する姿は何度も見てきた。

なぜ郵便配達員になったのか

三田さんは、もともと食品卸売会社のトラック運転手だった。二〇年ほど前にこの会社が倒産したため、郵政省（当時）からの委託業務として、郵便物などの運送業務を一手に担っていた日本郵便逓送（日逓）に転職、ここでも正社員としてトラックのハンドルを握り続けたが、待っていたのは郵政省から郵便事業庁、日本郵政公社、日本郵政株式会社へと至る、一連の民営化に伴うすさまじい経費削減と合理化の嵐だった。

郵政からの委託料は切り下げられ、競争入札の導入によって低価格で落札していく業者に次々と仕事を奪われた。これにより三田さんの収入は激減、正社員から時給九〇〇円の契約社員へと切り替えられ、ついに解雇されて途方に暮れていたところを、業務の発注元でもあった日本郵政公社（当時）に期間雇用社員として採用されたのだという。

生活保護を受けざるを得なかった

食品卸売会社時代に約五〇〇万円あった年収は日逓で約三五〇万に下がり、期間雇用社員は手取り七万円からのスタートだった。当時、日逓といえば郵政省幹部らの天下り先として批判されたが、結局、郵政民営化によるしわ寄せをもろにくらったのは三田さんら現場で働く社員だったというわけだ。

期間雇用社員になった当初は無遅刻、無欠勤、無事故、誤配もゼロという勤務を続けてもなかなか給与が上がらなかった。

何より悔しいのは、上司から「アルバイトは安いから」という理由で残業を頼まれることだ。時間当たりの人件費が安い期間雇用社員が名指しで残業を命じられることは珍しくなく、上司に悪気はないのだろう。しかし、勤続一〇年を超えた今でも、アルバイト呼ばわりされることには、どうにも納得できない。

三田さんは現在、毎月五万〜一〇万円の生活保護を受けている。ヘルニアで長期入院をしたとき、見かねた知人から申請をするように言われたのがきっかけだった。子どもが五人いることに加え、中に障害のある子どもがいるため妻が外に働きに出ることが難しいといった事情もあり、申請はあっけないほど簡単に通ったという。急場をしのぐことはできたが、病院のベッドに横たわりながら複雑な気持ちにもなった。

「おいらの給料では家族に最低限の生活もさせてやれんということなんやな」。

仲のよい子だくさん家族だが、「記憶にあるかぎり、家族旅行は行ったことないな」と笑う。食材は、妻が主に激安の業務用スーパーで買ってくると言い、毎日のように子どもたちに中国産の野菜やブラジル産の鶏肉を食べさせることには、正直、不安もある。

そもそも、「同一労働同一賃金を目指す」と明言したのは、安倍晋三首相ではなかったか。現在、郵政では期間雇用社員一一人がこうした格差の是正を求めて裁判を起こしている。有期雇用で働く人と、無期雇用で働く人の間で、不合理な差別をすることを禁じた労働契約法二〇条を拠り所にしたいわゆる「二〇条裁判」で、三田さんも原告のひとりである。

日本郵政は「一般職」を導入

一方、こうした動きに対抗したのかどうかは知らないが、日本郵政は二〇一五年度から、新たな形態の正社員として、転居を伴う転勤はしないといった条件の「一般職」の採用を始めた。しかし、この一般職、福利厚生は現在の正社員並みになるが、基本給は低く抑えられており、中でも三田さんのようにキャリアが長く、比較的給与水準の高い期間雇用社員が転籍した場合、実質的な賃下げとなってしまう。

要は「無期化、福利厚生あり、賃下げ」か、「不安定雇用、福利厚生なし、現在の給与」か。どちらかを選べというわけだ。しかし、一部の期間雇用社員たちは現在の給与水準を、正社員以上の頑張りと我慢で手に入れてきた。三田さんは一般職の採用試験を受けるつもりはない、という。

今回、神戸市内の担当区域内にある居酒屋で話を聞いた。店内で、三田さんが別の居酒屋の女主人とあいさつを交わしていると、奥のほうから現れた恰幅のよい中年男性が「おつかれさん」と声をかけながら出て行った。「不動産会社の社長さんです。年賀はがきやかもめーるをぎょうさん買うてくれるお得意さんですねん」とうれしそうに教えてくれた。昔ながらの「街の郵便屋さん」は、営業も含めた仕事が大好きなのだな、と思う。

子どもと孫には同じ思いをさせたくない

「同じ責任で、同じ仕事をしているのだから、同じ人間として扱ってほしい」

三田さんは酒を一滴も飲めない。ウーロン茶のグラスを傾けながら、筆者に「定年も近い僕がどうして二〇条裁判に参加したかわかりますか」と聞いてきた。非正規労働者が実名で訴訟に参加することには不安もあるはずだ。答えを期待しているふうでもなかったので、沈黙で続きをうながすと、三田さんはこう続けた。

「子どもや孫の世代に同じ思いはさせられんと、思ったんです。何も正社員にしてくれと言ってるわけじゃない。同じ責任で、同じ仕事をしてる。だったら、同じ人間として扱ってほしい」

コロナ禍・奈落の底へ

ぎりぎりまで助けてと言えない、広がる社会のいびつさ

私は、二〇二〇年秋から反貧困ネットワーク事務局長で、市民団体によるネットワーク組織「新型コロナ災害緊急アクション」の瀬戸大作さんの支援活動の同行取材をしている。瀬戸さんはメールでSOSを発信した人のもとに直接出向く「駆け付け型支援」を行っている。その理由と貧困の実情について話を聞いた。

藤田　今年（二〇二一年）に入って若い世代からの相談が増えているそうですね。

瀬戸　もともと若年層からの相談は多かったんです。それが年明けに緊急事態宣言が出されてからはさらに増えて二〇～三〇代の相談が六～七割を占めるようになりました。四月に入ってからは八割が二〇代です。仕事も家も失い、ほとんどが所持金一〇〇〇円以下という状態で相談にきます。「コロナに感染したらクビになりました」「家賃が払えず、家を追い出されました」「何日も公園の水しか飲んでいません」「料金が払えず、さっき携帯が止まりました」「所持金が五〇円を切ってしまいました」「死にたくないけど、このままでは死んでしまいます』「助けてください」――。

そんなふうに助けを求めるメールが、路上やネットカフェ、公園のトイレ、スーパーの駐車場などさまざまな場所から、毎日何件も届きます。昨年三月にこの支援を始めたころは「死にたくないのに、このままでは死んでしまう」というメールが多かったのですが、最近は「死にたい」「死のうと思った」という内容が目立つようになったことが気になります。ぎりぎりまで助けてと言えない、社会のいびつさを感じます。

藤田　二〇〇八年のリーマンショックでは、「年越し派遣村」にやってきたのは、主に住み込み派遣を雇い止めにされた中高年男性でした。

瀬戸　今回のコロナ禍では、若い稼働世帯や女性、外国人など幅広い層の人たちが困窮状態に陥っています。業種も、飲食店やホテル、小売店といったさまざまな業界が打撃を受けました。

今回はこうした職場で非正規雇用で働いていた人たちが真っ先に解雇や雇い止めに遭ったわけですが、彼らは仕事を探して派遣会社に登録します。すると今度はもともと派遣で働いてきた人の仕事もなくなる――。そんな悪循環が長らく続いています。

藤田　メールでＳＯＳを発信した人たちのもとに直接駆けつけるという支援を続けています。どのような仕組みなのか教えてください。

瀬戸　昨年三月に約四〇の市民団体などが集まって「新型コロナ災害緊急アクション」というネットワークを発足させました。SOSはこの緊急アクションのサイト上に設けた相談メールフォームに書き込んでもらいます。SOSを受けたら、僕を含めた緊急アクションのスタッフが直接その人のいる場所まで駆け付けます。発足以来、対応した件数は六〇〇件を超えました。

こうした支援では、普通はホットラインのような電話相談が多いのですが、なぜ僕たちがメールというツールをメーンにしたか分かりますか。今回のコロナ禍では、料金を払えず携帯電話が止まってしまったという人が本当に多いんです。でも携帯は止まっても、街中のフリーWi‐Fiのある所からならメールは送れるんですね。もちろん彼らには移動するための交通費もありません。だから僕らが駆けつけるしかないんです。

藤田　携帯がないと仕事も家も見つけることができません。いまや携帯はライフラインといってもいいツールになったと感じます。そのSOSの現場なのですが、どのような人が相談に来るのか、もう少し詳しく教えてください。

瀬戸　まず住み込み派遣で働いていて雇い止めに遭ったという人。工場とか、リゾートホテルとかですね。彼らは雇い止めと同時に寮からも追い出されます。つまり路上に放り出されるということです。こうした働かされ方はリーマンショックの時にも問題となりましたが、その後もなんら改善されていないと思います。

それから、もともと低賃金の非正規労働をしていて雇い止めになったら家賃が払えなくなったとか、アパートを借りる初期費用をためることができないままネットカフェ暮らしをしていたところ、コロナで収入がなくなって路上生活になってしまったとか——。

女性の場合は、飲食店やホテルなどの非正規雇用を雇い止めにされて風俗関係の仕事をするようになったものの、緊急時代宣言の影響で思ったように稼げず連絡をしてくるという人も少なくありません。男性の場合だと、以前生活保護を利用していた時に無理やり劣悪な施設に収容されたので、二度と生活保護は利用したくないと言って相談に来られる人もいますね。あとは在留資格を持たない外国人からのＳＯＳも多いです。彼らは生活保護を利用することができませんし、医療にもかかれませんので、困窮状態は一層厳しいものがあります。

藤田　以前瀬戸さんから、メディアはすぐに「コロナ切り」「コロナ解雇」のケースを紹介してくれと言い過ぎると言われたことがあります。

瀬戸　コロナ禍はきっかけにすぎないんです。特に若い人たちはコロナウイルスの感染拡大の前から、寮付き派遣や日雇いのアルバイトなどをして、何年間もネットカフェ暮らしを余儀なくされたり、家賃を払うのもぎりぎり暮らしを強いられたりしてきました。それがコロナで一気に底が抜けただけの話なんです。若い世代からのSOSは数多く寄せられていますが、必ずしもコロナ切りやコロナ解雇に遭った人ばかりではありません。彼らはもともと不安定でぎりぎりの暮らしを強いられてきたんです。

藤田　日本社会の現実が、図らずもコロナで浮き彫りになったということですね。SOSには、具体的にどのように対応するのですか。

瀬戸　SOSがあった場合は、できるだけその日のうちに駆け付けます。翌日に持ち越したら取り返しのつかない結果になりかねない、命を絶ちかねない、それくらい切迫した人たちが大勢いるからです。

相談者と落ち合った後は、困窮状態に陥った経緯などについて聞き取りをし、今後について話し合いをします。本人の希望を聞きながら、就職先のあてがある人には、東京都など自治体の担当窓口を紹介します。彼らは自治体が用意した一時住宅で暮らしながら働き、貯金をして数カ月後にはアパートを見つけて自立していきます。

ただこのような順調なケースはまれ。コロナ禍の中、住まいも携帯もない状態でまともな仕事を見つけることは至難の業です。それにＳＯＳ発信者の多くは、それまでに経験した理不尽な雇い止めや突然の路上生活のせいで心身に不調をきたしている人が多いです。家族とは何年も連絡を取っていないという人も多い。そのような場合、多くは生活保護を利用することになります。

生活保護を利用すると決めた後は、申請日までの食費と宿泊費として緊急アクションに寄せられた「緊急ささえあい基金」から小口の支援金を手渡します。その後も、緊急アクションのスタッフたちが生活保護の申請に同行したり、アパート探しを手伝ったりします。

藤田　生活保護を利用するのは嫌だという人も多いのではないでしょうか。

瀬戸　ＳＯＳで出会った人たちの半分は生活保護の利用を拒みます。スティグマ（社会的恥辱感）ですね。生活保護を利用することは恥ずかしいことだという意識が多くの人たちの中に根付いてしまっています。

仕事も住まいも食べるものもない状態でＳＯＳを発信してきているのに、生活保護という言葉を聞いた途端、「もう少し頑張ってみます」と再び路上に戻っていく人もいます。でもだいたい数カ月後、心身ともにさらに追い詰められた状態になって二度目のＳＯＳを出してきます。コロナ禍ではいくら頑張っても、そんなに簡単に事態は改善しませんから。

藤田　瀬戸さんが、二度目のＳＯＳの際に疲れ果てて現れる人たちに「だから言っただろ！」と、あえて明るい口調で話していたのを覚えています。生活保護の利用をためらう若者に「生活保護は恥ずかしいことじゃないんだから。それにいつまでも生活保護ってわけじゃない。上手に制度を利用して、上手にアパートを借りて、上手に卒業しよう」と語りかけていた姿も印象に残っています。生活保護の申請同行から見えてきた問題について教えてください。

瀬戸　生活保護の申請の現場では、福祉事務所の職員が申請者の親や兄弟に対して「援助できないか」と問い合わせる扶養照会と、住まいのない申請者を民間が運営する無料低額宿泊所（無低）に強制的に送り込むことが常態化していました。

扶養照会と無低。この二つが生活保護の利用をためらわせる原因になっています。扶養照会については、僕たち支援団体側からの働きかけもあり、今年三月にようやく厚生労働省から「本人が望まない場合は扶養照会を止めることができる」という旨の通知が出されました。一方の無低については、依然として「生活保護を利用するなら、無低に入ることが条件です」といった説明をしている福祉事務所が少なくありません。

藤田　無低とは、生活困窮者が無料または低額な料金で利用できる民間施設で、社会福祉法に基づいて設置されています。厚生労働省によると、全国に六〇四施設あり、入居者は一万六二六六人。利用者の多くは住まいのない生活保護利用者だとされています。

瀬戸　もちろん中にはよい無低もあります。一方で悪質な無低の問題は、劣悪な住環境に粗末な食事にもかかわらず、生活保護費の大半が（施設に）巻き上げられてしまうことです。入居者の手元には毎月一万円ほどしか残りません。外出や入浴時間に制限を設けたり、早朝のラジオ体操を強制したりする施設もあります。コロナ禍にもかかわらず、相部屋に入れられることもあります。

藤田　ＳＯＳをくれた人の中にも「豚小屋のようなところから逃げてきた」「収容所のようなところに入れられてしまった」と訴えていた人もいました。

瀬戸　最大の問題は、行政がこうした民間施設に生活保護利用者を丸投げしてしまっているということです。ある男性を最寄り駅から一時間近くかかるような無低に入れて、担当ケースワーカーが三カ月間一度も訪問していないというケースもありました。

福祉事務所の担当者はよく「無低に入っている間に、その人がアパート暮らしができる人かどうか見極めたい」と言います。でも、僕に言わせれば、なぜ無低でなければ見極められないのか、という話です。実際には見極めるどころか、劣悪な無低に耐えられなくて失踪してしまった人もいます。このままではいずれ「福祉が人を殺す」という事態になりかねません。

藤田　扶養照会や無低の問題以外にも、残念ながら生活保護の申請を拒む水際作戦もありました。

瀬戸　昨年一二月に厚生労働省は生活保護の利用をうながす通知を出しましたが、自治体の中には、いまだに相談者が一人で相談に行くと「若いんだから、働けるでしょ」などと言って追い返すところもあります。一部の福祉事務所でおかしなローカルルールがまかり通っているんです。だから、緊急アクションのスタッフが同行しなければならない。僕たち民間の支援はもう限界。公助は何をやっているんだと怒りを覚えることもあります。

ただ行政とは対立関係ではなく、連携、協力できる関係を目指すことが重要だとも考えています。なぜなら、その後も継続的、日常的に困窮者とかかわっていくのは福祉事務所のケースワーカーだからです。行政とも信頼関係をつくりながら、それぞれの地域で行政と民間が一緒にやっていくことが大切だと思っています。

藤田　行政の現場も疲弊しています。私は官製ワーキングプアについても取材をしていますが、自治体によっては福祉事務所の相談係が非正規職員だったりしますし、生活困窮者自立支援の業務の多くは民間委託されていて、そこで働く相談員たちの給料は手取りで一〇万円とか、十数万円だったりします。

瀬戸　低賃金、不安定雇用の非正規雇用の相談員が、急増する困窮者の対応にあたっています。相談を受ける側が、いつ相談する側になるか分からない、そんな不安の中で仕事をしている。こうした構造は何とかして変えていかなければならないと考えています。

藤田　今年に入り、相談者の仕事づくりの場をつくったり、女性たちが集まる「女子会」を開いたりしていますね。

瀬戸　生活保護の申請同行をして、アパートを見つけて終わり、ではダメなんです。コロナ禍ではまともな仕事を見つけるのは難しい。気軽に外出することもできません。アパートに入っても、一週間以上部屋の天井だけを見ていたといった声が、ＳＯＳで出会った人たちの中から聞こえてくるようになりました。孤独の問題です。人間関係の貧困は、経済的な貧困以上に深刻な問題だと思っています。

藤田　政府も「孤独・孤立対策担当室」を新設するなど対策に乗り出しました。

瀬戸　僕たちはワーカーズコープ（日本労働者協同組合）と共催して「しごと探し・しごとづくり相談交流会」を開きました。昨年一二月から今年六月までの間に三回開催しました。介護や清掃、学童保育などの仕事が決まった人もいますが、単なる就職相談会というだけでなく、支援する側、される側の垣根を越えた交流の場になればと思っています。

また今年五月には、活動を支援してくれている方の飲食店を会場にして、相談者の女性数人が参加して食事会を開きました。その後に開かれたしごとづくり相談交流会では、この女性たちが本格的なベトナム料理を作って提供してくれました。

藤田　今年四月には瀬戸さんが事務局長を務める反貧困ネットワークを一般社団法人化しました。

瀬戸　まずシェルター運営を始めました。すでに都内に二カ所開設しましした。それから就労支援や女性相談のエキスパートが新たにスタッフとして加わりました。相談者として出会った方の中にも少しずつスタッフとしてお手伝いを始めてくれている人もいます。

藤田　この間、同行取材をする中で、ずっと体調が悪いと言っていた女性を生活保護につなげたところ、ガンが見つかったというケースもありました。建設現場のタコ部屋に車で連れていかれそうになった男性を危機一髪で〝救出〟したこともありました。脱法ハウスからの〝夜逃げ〟を手伝ったこともあります。
一方で、生活保護申請をすると約束した日に福祉事務所に現れず、そのまま音信不通になってしまった人もいます。

瀬戸　こうした支援は美談ばかりではないということです。それでも「生きていてほしい」、「困ったら何度でも連絡をしてきてほしい」。僕はそう伝えたいと思っています。

コロナ禍がもたらしたもの

生活保護を利用することへの恥辱感

「もう少し声を抑えてください」「女性の声は響くから小さな声でお願いします」。

新型コロナウイルスの感染拡大による三回目の緊急事態宣言の真っただ中だった二〇二一年六月。五〇代のある男性は取材中、私に対して何度もそう注意した。生活保護を利用していることを周囲に知られたくないというのだ。場所は都内のファミレス。ランチタイムの時間と重なったので、たしかに店内は少し込み合っていた。ただ男性の希望で一番奥のボックス席に座ったこともあり、私たちの周りの席にはだれも座っていなかった。

そもそも来店客たちはそれぞれに会話を楽しんでおり、私たちの話を聞いているとは、思えなかった。それに私は特段声が大きいというわけでもない（と自分では思っている）。しかし、男性は「生活保護」「ケースワーカー」「福祉事務所」といった言葉が出るたびに、おびえたように周囲を見渡し、私に向かってこういうのだ。

「静かに！　声が大きいですっ！」。

男性はついにここでは話をしたくないと言い出した。取材では相手が周囲に話を聞かれたくないなどと希望する場合、カラオケボックスや貸会議室を利用することもある。ただしこのときはカラオケボックスはほとんど休業中。どうしたものか――。男性はならば外で話をしましょう、と提案した。結局3時間近くオフィス街を歩き回りながら話を聞いた。

男性はもともと営業担当の正社員として働いてきたという。私が、生活保護は憲法で認められた権利ですし、さすがにここまで心配しなくても大丈夫なのではというと、男性はこう反論した。

「生活保護が権利だということは頭ではよくわかってます。でも、できるなら受けたくなかった。今、私のプライドはズタズタですよ。落ちるところまで落ちたと思っています」。

コロナ禍の貧困の現場では、生活保護を利用することへの強烈なスティグマ（社会的恥辱感）を思い知らされる機会が多かった。

二〇代の男性への取材を終え、二人で駅までの道を歩いていたときのことだ。私が生活保護の利用を開始した時期を確認しようと話しかけたところ、男性がビクッとした様子で立ち止まり周囲を見回したことがあった。私が「生活保護」という言葉がまずかったですかと尋ねると、男性は黙ってうなずいた。私に向けられたまなざしにはかすかに非難の色が込められていた。

このほかにも、もう何日も食べていないという男性に生活保護という方法があると伝えたところ、実家の父親が許さないと返されたこともある。わけを尋ねると男性は「父は以前、生活保護のケースワーカーをしていて、家に帰ると（利用者のことを）『怠け者』『甘えている』と悪口を言っていた」と打ち明けた。

結局、この男性は生活保護の利用を諦めた。

二〇二一年の年明け早々に話を聞いた女性は、ガスも電気も止められ、スパーで捨てられたキャベツやブロッコリーの外葉を食べて飢えをしのいでいると話していた。しかし、それでもなお「お役所とはお近づきになりたくない」と言って生活保護の利用を拒んだ。

すべてコロナ禍の中で出会った人たちの話である。ほとんどが、仕事も、住まいも、携帯の通話機能も失った人だった。彼ら、彼女たちはよく「まさか自分がホームレスになるとは思わなかった」と口にした。生活保護を利用することの忌避感。それは、深刻な貧困が突然わが身に降りかかったことへの戸惑いが強いだけに、一層深刻な影を落としているようにみえた。

生活保護バッシング

なぜ、生活保護に対するスティグマはここまで人々に浸透してしまったのか。本連載でも何度か言及してきたが、あらためて説明をしたい。

世の中の差別や偏見がなくならないのと同じように、生活保護に対するバッシングも今に始まったことではない。ただメディアや政治、ネット世論をあげての「生活保護バッシング」が巻き起こったのは二〇一二年。ある人気お笑い芸人の母親が生活保護を受給しているという週刊誌報道がきっかけだったのではなかろうか。

しかし、この母親のケースは福祉事務所の適正な手続きを経ており、不正受給にはあたらない。にもかかわらず、一部のテレビや新聞は繰り返しこの話題を取り上げ、「生活保護は不正受給だらけ」といった特集を組んだ。誤ったメッセージが垂れ流された結果、ネットでも「税金泥棒」「恥ずかしい一家」といった誹謗中傷があふれることになった。

当時は一部の政治家の発言もひどいものだった。

片山さつき参院議員は雑誌の対談や講演で「生活保護は働けるのに働かない人々を生み出す」「不正受給こそ生活保護制度の問題」といった主張を繰り返した。同じ時期、世耕弘成参院議員も雑誌で「生活保護受給者の権利が一定程度制限されるのは仕方ない」という旨の発言をしている。また、石原伸晃幹事長（当時）は報道番組で、「ナマポ」という言葉を使って不正受給問題の深刻さを嘆いてみせた。ナマポとは生活保護利用者を揶揄、軽蔑するネットスラングである。

二〇二〇年六月、当時の安倍晋三首相は参議院決算委員会で「生活保護に対して攻撃的な言質を弄したのは自民党ではない」という旨の発言をした。与野党問わず生活保護制度に対して無知な議員がいることは確かだ。しかし、バッシングのお先棒を積極的に担いできたのは、自民党議員が中心であったことは間違いないだろう。

しかしこうした暴言、妄言を、データは明確に否定している。

厚生労働省の統計によると、不正受給の総額は保護費全体の〇・四％にすぎない。一方で、生活保護を利用する資格がある人のうち実際に利用している人の割合である「捕捉率」は二割程度にとどまっている。本来利用できる人の五人に一人しか利用していないということだ。イギリスやドイツなどの捕捉率は八割を超えているといわれ、日本がいかに低水準であるかが分かる。

生活保護の問題は不正受給ではなく、受給漏れの多さにある――。私はこの構造的な問題について本連載で繰り返し書いてきた。しかし、コロナ禍で出会った人たちの多くは依然として生活保護を利用することをためらった。

コロナ不況の終息が見えない中、さすがにこのままではまずいと思ったのか、二〇二〇年一二月、厚生労働省はホームページに次のようなメッセージを掲載した。

「生活保護は国民の権利です。生活保護を必要とする可能性はどなたにもあるものですので、ためらわずご相談ください」。

長年にわたって利用抑制の方針を取ってきた国が、生活保護の権利性を認め、利用を勧めるメッセージを発したことは画期的ではあった。ただ足元の自治体の福祉事務所に目をやると、依然として壁や申請者が座る机に「不正受給にならないために」と印刷されたポスターが張られていたり、利用者向けのパンフレットに「近年、不正受給の増加が問題となっています」などと書かれていたりする。

いったん根付いてしまったスティグマは一朝一夕には払しょくされないのだ。

ベーシックインカムの危険性

コロナ禍でも生活保護の利用だけは嫌だという人は、どんな福祉や制度があればいいと思っているのだろうか。取材ではたびたびそうした質問もぶつけてみた。すると少なくない人が「ベーシックインカム」と答えた。

ベーシックインカムとは、所得や年齢、立場に関係なく、すべての人に無条件、かつ継続的に現金を配る制度のこと。日本語では「最低所得保障」などと訳される。

貧困の現場では、これまでも「ベーシックインカムがあれば……」といった声はあるにはあった。ただ、今回のコロナ禍においては、かつてなくベーシックインカムを切望する人に出会う機会が多かった。背景のひとつとして考えられるのは、二〇二〇年に給付された特別定額給付金一〇万円が、無条件での一律支給という本来のベーシックインカムの形に近い手法であったことだ。加えてその後、大手人材派遣パソナグループ会長の竹中平蔵氏がテレビや雑誌などで、国民全員に毎月七万円を配る、その代わりに生活保護と年金制度は廃止するという内容のベーシックインカムを提案したことから、さらに関心が高まることになった。

立場を明らかにしておくと、私はベーシックインカムの導入には基本的に反対である。財源を確保できるはずがないからだ。無理に確保しようとすると「生活保護と年金制度の廃止」などという、想像するだに恐ろしい話になってしまう。

そもそも生活保護はただ現金を給付する制度ではない。ケースワーカーによる自立支援や福祉的ケアも行われるし、必要に応じて医療扶助や教育扶助なども支給される。制度の趣旨に反した水際作戦の横行もあるが、それは誤った運用をする一部の福祉事務所の問題である。生活保護の制度設計自体は相当に優れていると、私は思っている。

仮に〝竹中案〟を実行したら、路頭に迷う人や餓死者、自殺者が続出するだろう。そもそも無条件に同じ金額をただ配り続けるなど、雑な〝バラマキ〟としか、私には思えない。福祉を舐めるなという話である。政治家や専門家ならもっと真面目に知恵を絞ってほしい。

一方で貧困の只中にいる人たちの中には、ベーシックインカムを望む声があるということもまた現実である。真面目に働いても人間らしく生きていくことさえ難しいような水準の収入しか得られないことを考えると、働く意欲も失せるという気持ちを理解できないわけではない。でも、最終的には自らの首を絞めかねない政策になぜそこまで期待するのか――。

結論を先に言うと、私はこの矛盾を解くカギもまた「スティグマ」にあるのではないかと思っている。この間、取材で話を聞いたあるシングルマザーの話を思い出したからだ。

「これまでも（低所得の母子家庭向けの）手当とか助成金とかが、所得や立場に関係なく一律に配られるものだったらいいのにと思うことはありました。自分が福祉の対象だと説明する作業って結構ストレスなんです。役所で根掘り葉掘り聞かれてプライドが傷つくこともありますし、本当に福祉に頼るしかないんですかみたいな言われ方をされることもあります。同じ母子家庭でも、死別や離婚までは同情されるけど、非婚シングルはふしだらって価値観はいまだにありますしね。（特別定額給付金の）一〇万円が所得に関係なく配られると決まったとき、私はうれしかったですよ。屈辱的な思いをしなくても済むから、バラマキのほうがいいって思ってる人、多いと思います」

このシングルマザーは、特別定額給付金がバラマキだったからこそ「恥ずかしい」という負い目を感じることなく受け取ることができたという。生活保護をはじめとした福祉制度を利用することへのスティグマと、ベーシックインカムを切望する声——。これらは表裏一体の話なのかもしれない。

コロナ禍で拡がる非正規労働者の貧困の悪循環

コロナ禍の現場歩いてみて、あらためて壊れていると感じるのは、やはり雇用の問題である。

コロナ禍では大勢の人が仕事や住む場所も失った。ただよくよく話を聞いてみると、それ以前より細切れ契約の派遣労働者だったのでネットカフェ暮らししかできなかったとか、フルタイムで働いても毎月の家賃をねん出するのが精いっぱいだったという人も少なくなかった。

ある四〇代の男性は建設現場の〝一人親方〟として五年あまり働いてきたが、収入が不安定で賃貸のアパートを借りることができなかった。このため生活拠点はずっとネットカフェ。ところがコロナの影響で建設現場は次々とストップし、さらにはネットカフェも休業に。気がつけば路上生活になってしまっていたという。

このほかにもアルバイトや契約社員として働いていたものの、コロナの影響でシフトカットされ、家賃が払えなくなってアパートを追い出されたという人は、それこそ山のようにいる。もともと貯金ができるような賃金水準ではなかったから、ネットカフェ暮らしもそう長くは続けらない。そのまま脱法ハウスや路上生活へと流れていく、というのが典型的なパターンのひとつだった。

二〇～三〇代の若者の場合、初めて就いた仕事が住み込み派遣だったという人も少なくない。彼らはコロナの以前より、一方的な雇い止めや労災隠し、時給カットなどの被害に遭ってきた。

ある自動車工場の派遣社員として働いていた二〇代の男性は、仕事が原因で椎間板ヘルニアを発症したにもかかわらず、労災が認められず、そのまま雇い止めになった。その後、住み込み派遣を探しながら地方都市を転々としていたところにコロナ禍が直撃。ついに派遣先がなくなり、生活保護を利用することになった。

この男性のような派遣労働者は今回のコロナのしわ寄せを大きく受けた働き方のひとつでもある。二〇二〇年四月に緊急事態宣言が出されて以後、飲食店やホテル、小売店などで働いていたアルバイトや契約社員といった非正規労働者が相次いで解雇、雇い止めにされた。彼ら、彼女たちは生活費を得るために派遣会社に登録する。するともともと派遣労働者として働いていた人たちに仕事が回ってこなくなってしまう――。同年の夏以降はそんな悪循環が続いている。

コロナ禍の貧困問題を取材していると、日本の働き方はとうの昔にぶっ壊れていたのだということを痛感する。もともとぎりぎりの暮らしを強いられていたところにコロナが直撃。ついに社会の底が抜けただけの話なのだ。

取材をしていて複雑な気持ちになるのは、若者を中心に「できるだけ早く仕事を見つけたい」「早く生活保護をやめたい」と話す人が少なくなかったことだ。先ほど触れた椎間板ヘルニアを患った二〇代の男性は、生活保護の医療扶助を利用してようやく手術を受けることができた。しかしその後は、術後の痛みでまだ足を引きずるような状態だったにもかかわらず、早々に仕事を始めてしまった。またしても派遣である。

男性は「生活保護を受けていると、世間からはやっぱりそういう目で見られてしまいますから。派遣でも仕事があるだけありがたいです」と話していた。

日本はすでに泥船だった——。コロナ禍は図らずもそんな日本社会の現実をあぶりだしたともいえるのではないか。

「コロナ感染でクビ」三〇歳男性が怯える理由

養護施設出身者に対するアフターケアは必須だ

児童養護施設で育ち、社会を独りで生き抜いてきたヒカルさん。コロナ感染を理由に解雇され、仕事も住まいも失った。（筆者撮影）

コロナ感染を理由にクビ

新型コロナウイルスに感染してから一週間。ヒカルさん（仮名、三〇歳）は隔離された都内のホテルのベッドで天井を見つめていた。熱は三九度。枕もとの携帯電話がなった。職場の上司からだ。そろそろかかってくるころだと思っていた。予想通り、上司は淡々と用件を告げた。

「こういう状況なんで、今月末いっぱいで終わりということでいいかな。社員証とか保険証は後で郵便で送ってくれればいいから」

ある大手チェーン系列のホテルで、契約社員として働いていたヒカルさんは今年一月、コロナ感染を理由にクビを切られた。療養中に上司からかかってきた解雇を伝える電話はものの二、三分で終わったという。ヒカルさんから特に質問も反論もしなかったからだ。

「別の同僚も同じ理由でクビになっていたので。上司からの電話だとわかった瞬間、解雇の連絡なんだろうなと思いました。解雇は違法？　そうなんですか……。でも仕方ないです。昔から頼る人もいないので」

二月なかば、コロナからは順調に回復したものの、収入が途絶えたことで家賃が払えなくなった。住まいは家賃五万八〇〇〇円のシェアハウス。ホテル勤務時代の毎月の収入は手取り一三万円ほどで、貯金をする余裕はなかった。ヒカルさんは自ら不動産会社に連絡し「来月の家賃が払えないので、二月いっぱいで退去します」と申し出たのだという。

一般的に裁判などで住まいからの強制退去が認められるのは、家賃滞納が三カ月を超えた場合だ。大家側にとっては一定のリスクを強いられる基準とはいえ、借主側にとって住まいを失うことは即命の危険にさらされかねない事態である。昨今は家賃滞納に対して厳しい自己責任バッシングが向けられがちだが、借主側の弱い立場を考えると「滞納三カ月」は妥当な落としどころであろう。ましてやむをえない事情で滞納しそうになったからといって、自ら退去を申し出る必要は、本来はないのだ。私がそう指摘すると、ヒカルさんは「だって大家さんに申し訳ないじゃないですか」と言う。

取材中、ヒカルさんは何度も「周囲に迷惑をかけたくないんです」と繰り返した。その考え方自体は立派かもしれない。ただ、周囲に迷惑をかけることと、法律や判例で認められた権利を行使することは別だと、私は思う。ヒカルさんは自らの考えを貫いた結果、仕事も住まいも失った。

ヒカルさんは「他人は信用できないから頼れない」「人に何かを主張したり、求めたりという行為自体が嫌」とも言っていた。こうした価値観は、もしかすると自身の生い立ちとも関係があるのかもしれない。

ヒカルさんは児童相談所内にある施設と児童養護施設で育った。両親と暮らした記憶はない。施設に預けられることになった理由や経緯も知らないという。

おぼろげに覚えているのは幼少時、自傷行為を繰り返しては病院に運ばれたこと。病院から児童相談所に戻ると、外鍵の付いた部屋に「閉じ込められた」。日々の記憶がはっきりと残っているのは、児童養護施設に移った小学校高学年からだという。

周囲との摩擦を嫌う温厚なヒカルさんが児童養護施設時代、最も忌み嫌ったのは、誕生日に職員たちから「おめでとう」と言われることだった。自分など生まれてこないほうがよかったと思っていたからなのか、それとも施設を退去させられる一八歳が近づいてくることのどこがおめでたいのかという反発心があったからなのか、理由は自分でもよくわからない。ただ、「おめでとう」と言われるたびに、抑えがたい負の感情がわいてきたという。

「両親のことは戸籍謄本を取り寄せればわかると、聞いています。でも、両親のことを考えるだけで疲れ果ててしまうんです」とヒカルさんは話す。

上智や立教に行きたかった

学校の成績は優秀だった。塾など通ったことはなかったが、高校時代の数学は全国模試で全国トップ一〇に入る水準。ただ家庭環境にもよるが、家族や親族がいなかったり、音信不通だったりする場合、児童養護施設出身者が大学や専門学校に進むことはほぼ不可能である。奨学金を借りるのに必要な連帯保証人がいないからだ。ヒカルさんも大学進学は諦めた。

「本当は上智や立教に行きたかった。記念にセンター試験だけは受けたんです。自己採点したら、希望する大学にはだいたい行ける点数でした」

家族など頼れる人のいない児童養護施設出身者にとっての苦難は施設を出た後に始まる。まず賃貸アパートを借りることができない。連帯保証人や緊急連絡先を用意できないからだ。また身元保証人がいないので、就職活動もほかの学生らと比べて極めて不利だ。

このため、中には施設退所後すぐに生活保護を利用する人もいる。また特に女性の場合、住み込みの風俗店で働き始めるケースも珍しくない。いずれにしても、児童養護施設の出身者たちは社会人生活スタートの時点から、一般的な家庭で育った人たちとは比べ物にならない苛烈なサバイバルを強いられるのだ。

ヒカルさんの場合はどうだったのだろうか。ヒカルさんは高校時代からコンビニなどでアルバイトをして一〇〇万円ほど貯金をためた。しかし、賃貸アパートを借りるにあって、やはり壁にぶつかった。「携帯を二台用意しました」。元からささやくような話し方だったヒカルさんがさらに声を潜めて教えてくれた。

要は、緊急連絡先に架空の名前と連絡先を記載し、自分がその人物になりすましたのだという。違法行為である。しかし、そうでもしないとアパートを借りられないのだ。私は、児童養護施設出身者へのアフターケアの絶望的なまでの乏しさについて考えさせられた。

正社員として採用されたが…

ヒカルさんは施設退所後に就職活動をしたが、当時は折あしくリーマンショックの直後。なんとかインターネット関連の会社に正社員として採用されたものの、週の半分は会社に泊まり込まなければノルマを果たせない長時間労働を強いられた。やむなく数年で退職。その後は京都や熱海などの観光地にあるホテルで派遣労働者として働き始めた。住まいは派遣会社が用意した寮。いわゆるリゾート派遣である。

まじめな働きぶりが評価され、たびたび「正社員にならないか」と声をかけられたという。しかし、ヒカルさんはいずれも断った。理由は「正社員になると責任が生じるから」。私に言わせれば、非正規労働者にも責任はあるし、昨今では非正規労働者が責任あるポストを担わされたり、過重労働を強いられたりすることも珍しくない。ただ雇用の現場を取材していると、「責任が生じるから正社員にはならない」と話す二〇代、三〇代の若者が少なくないのは事実である。

いわゆる〝名ばかり正社員〟など、正社員のメリットがなくなりつつあることが原因のひとつではあるのだろうが、私には「正社員＝責任」というロジックがいまひとつ謎だ。いずれにしてもその後引き抜かれる形で、契約社員として転職したのが、コロナ解雇に遭った大手チェーン系列のホテルだった。

取材中、一貫して口が重く、表情も乏しかったヒカルさんが唯一生き生きとした姿を見せた瞬間がある。それは、児童養護施設出身者に対するアフターケアの必要性について語ったときだ。すでに施設出身者らでつくるグループLINEを立ち上げたり、自治体議員と連絡をとったりして、社会に向けて何かしらの発信をするための準備を進めているという。

具体的な支援としては、進学や就職、部屋を借りる際に不利にならない制度づくりは必須。そして何よりも「なんでも相談できるところが必要です」とヒカルさんは訴える。

「専門的な知識や資格を持った人をそろえただけではダメです。施設で育った人たちは施設のことを話したがりません。いい思い出がないですから。だからまずは何時間でも、何日でも、ただ話し相手になる、ただ一緒にご飯を食べる、そんなふうに向き合ってくれる人が必要です」。そうした相談体制の実現が可能かどうかは別にして、施設出身者ならではの切実でリアルな指摘である。

生活保護の利用を知られたくない

週末の東京・池袋。ヒカルさんへの取材を終え、二人で駅に向かう交差点を渡っていたときのことだ。

四月に入り、ヒカルさんはある市民団体に支援を求め、前日に生活保護の申請を終えたばかりだと聞いていた。だから私は何気なく申請は滞りなく終わったのかと質問した。すると、ヒカルさんが私への返答そっちのけで、行きかう人々の視線におびえるようにして身をすくめた。

もしかして——、と私が声を潜めて尋ねる。「生活保護を利用していることを周りに知られたくないのですか?」。ヒカルさんが答える声はさらに小さかった。「そりゃあそうですよ。今だって本当は(生活保護を)受けようかどうしようか、まだ迷っているんですから」。

私は、生活保護の利用は憲法で認められた権利なのだから、後ろめたいことでも、恥ずかしいことでもないと伝えた。ましてやヒカルさんは児童養護施設退所後、独りで生き抜き、悪質なコロナ解雇に遭ったのだ。自己責任うんぬんという話をするなら、ヒカルさんに責任は一ミリもない。

しかし、ヒカルさんは頼むからこんな路上で生活保護の話題なんかを持ち出さないでほしいと、視線で訴えてくる。そして再びつぶやいた。「周りに迷惑をかけたくないんです」。私は「生活保護を利用することは迷惑ではない」という言葉を飲み込んだ。

「助けてほしい」と言えない若者が増えたといわれて久しい。自己責任論の内面化はいったいいつまで続くのか。

生活保護という言葉に立ちすくむヒカルさん。「自分より下の世代に自分と同じ思いはさせたくない」。そう言って、児童養護施設退所後の支援の必要性について堂々と主張していた姿は、そこにはなかった。

四〇歳料理人をクビにした社長の酷すぎる言い分

都内でも有数の飲食店激戦地で働いていた

一八年間働いた和食店を一方的に解雇されたユウスケさん。携帯には常連客から「営業再開を待っています」というメールが届くが、今も返事が書けずにいるという（筆者撮影）

勤め先は「刺身が安くてうまい」と評判の店

「電車通勤の人はコロナ感染のリスクが高いから」

一八年間働いた職場をクビになる理由としては、あまりに軽く感じた。ユウスケさん（仮名、四〇歳）の勤め先は都内の和食店。元妻の親の葬式に参列した日以外、一日も休まず厨房に立ったのに……。どうして俺が？　ショックで言葉が出ないユウスケさんに対し、料理人でもある社長は「後は自分で仕事を探してくれないか」と言って追い打ちをかけた。

店がのれんを張っていたのは、都内でも有数の飲食店激戦地。刺身が安くてうまいと評判の店で、芸能人やスポーツ選手もよく訪れた。ユウスケさんは焼き物と揚げ物を担当。カウンター越しに常連客と話すのは楽しかったという。

「リーマンショックのときもほとんど影響はありませんでした。東日本大震災のときもボトルも皿も、一枚も割れなかったんです」

恐慌や天災を乗り切ってきた店だったが、今回ばかりは無事では済まなかった。新型コロナウイルスの感染拡大が続く三月半ばごろから客足が鈍り始め、週末の予約がキャンセルされるようになったという。

緊急事態宣言が出される直前の四月初め、店はいったんのれんを下ろした。一カ月後、休業中の給料を渡すからと、従業員全員が店に呼ばれたが、まさかその場でクビを伝えられるとは思わなかったと、ユウスケさんは振り返る。

ユウスケさんによると、店の従業員はアルバイトの女性が二人と、正社員の男性が三人の合わせて五人。このうちアルバイトの女性二人とユウスケさんの三人が解雇された。

「まずバイトの二人が社長から『辞めてほしい』と言われて。（このうちの）一人は独身で生活がかかっていたみたいで『今辞めても働くところなんてないのに……』と言って困っていました。『かわいそうだな』と思ったけど、この後自分までクビになるなんて……」

結局、正社員男性三人のうちクビになったのはユウスケさん一人。ユウスケさんだけが電車通勤をしているからというのが、その理由だった。

「なんだそれ？と思いました。感染リスクと言うなら、お客さんからのリスクのほうがよほど高いですよね」

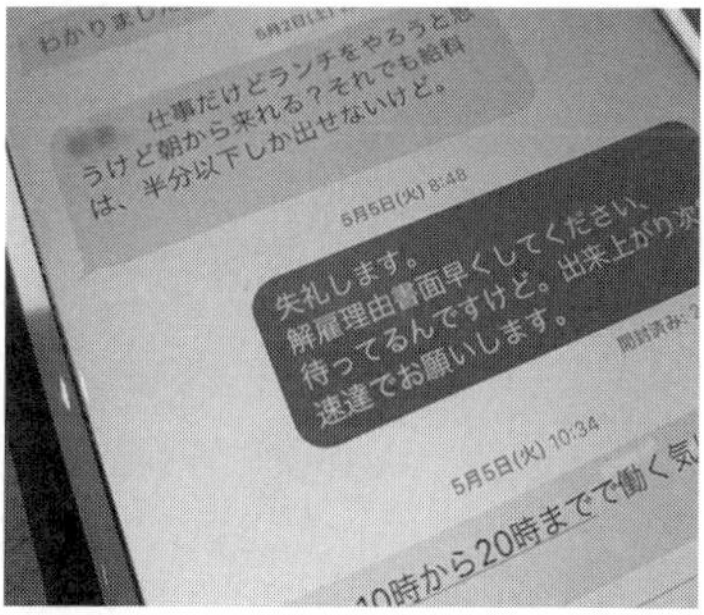

解雇後も、社長からは「給料半分以下で働かないか」という無責任なメールが届いた。ユウスケさんは「給料半分で生活できるわけないじゃないですか！」と憤る（筆者撮影）

ユウスケさんによると、店の売りの一つ「安くてうまい刺身」は社長の目利きによるところが大きかった。社長は穏やかな人柄で、職人気質にありがちな気難しいところはなかった。クビを言い渡すときも、心から申し訳なく思っているように見えたという。

二〇年近く世話になったという遠慮も働き、ユウスケさんはその場では何も言い返せなかった。しかし、どうしても納得ができず、翌日、電話で「解雇理由を書面にして送ってほしい」と頼んだ。

すると、数日後、何事もなかったかのように社長から「ランチをやろうと思うんだけど朝から来れる？　それでも給料は半分以下しか出せないけど」というショートメールが送られてきたという。

ユウスケさんはこのショートメールの軽薄さにいちばん腹が立ったという。「クビにしておいてなんなんだ、冗談じゃねえよと思いました。『書面がほしい』と言われ、電車通勤だからというのがまともな理由になってないことに気がついたんでしょ」。

社会保険にいっさい加入させていなかった

解雇理由をめぐるいい加減さもさることながら、社長は従業員を雇用保険や健康保険、厚生年金などの社会保険にいっさい加入させていなかった。そして私が驚いたのは、一八年間正社員として働きながら、ユウスケさん自身はもちろんほかの従業員たちからもこうした無保険状態に対し、不満や疑問の声が上がったことが一度としてなかったということだ。

ユウスケさんは自分を正社員だというが、雇用契約書を交わしていたわけではない。源泉徴収はされていたというから、雇用関係にはあったのだろう。毎月の給与は約三〇万円だったが、健康保険や都民税などは自分で払っていたので手取りは二五万円ほど。九万円の家賃を支払うと、家計に余裕はなく、国民年金はほとんど払えていないという。

いくら関心がなかったとはいえ、いわゆるブラック企業や〝名ばかり正社員〟の問題は以前に比べると可視化される機会は増えた。私がそう指摘すると、ユウスケさんは「たしかにそうなんですけど……。でも、本当に居心地のいい職場で。どこかで自分とは関係ない話だと思っていました」と言う。

結局、ユウスケさんは個人加入できる飲食店ユニオン（東京）に相談。ここで初めて無保険状態が違法であることに加え、毎月三〇時間ほどの残業代が未払いだったことや、雇用保険は二年間さかのぼって加入することができることなどを知った。現在は同ユニオンを通し、未払い残業代や退職金の支払いを求めて話し合いをしているという。

今思うと、社長は店舗のほかに自社ビルも所有。車は最新のクラウンに乗っていたという。「（高級車に乗っていたのは）節税のためもあったかもしれませんが、従業員を数カ月食わせていくだけのお金は持っていたはず。売り上げが落ちてきたとき、よく『困った』『もうダメだ』と言っていたけど、いきなり解雇された僕らほどには困っていなかったと思います」とユウスケさんは言う。

労働者も自らの権利についてある程度は知っておくべきだと、私は思う。ただそれ以上に思うのは、経営者のろくでもなさである。

コロナウイルスの感染拡大が続く中、私は解雇や雇い止め、休業手当が出ないといった問題に直面した人々に何人も出会った。「明日から来なくていい」といった乱暴な物言いや、「休業中は有給休暇を消化して」「休業中の店のスタッフには有休は与えない」など違法な説明をされたという事例も数多く耳にした。

最近の経営者は労働関連の法律を知らないのだろうか。即日解雇は論外として。労働基準法は会社の都合で働き手を休ませた場合、平均賃金の六割以上を休業手当として支払うことを会社に義務付けている。なかには「休業はコロナによる不可抗力」と強弁する経営者や雇用主もいるが、今回の休業要請はあくまでも「要請」であり、強制力はない。法的には休業は「会社の都合」とみなすべきだ。

それでは会社がもたないといわれるかもしれないが、そんなことはない。雇用調整助成金を利用すればいい。雇用調整助成金は、休業手当の費用を会社に助成する制度である。支給までの資金繰りが厳しい、書類をそろえるのが大変といった声もあるが、感染拡大が続く中、支給要件や手続きはずいぶんと緩和・簡素化されたはずだ。厚生労働省も「制度を活用して雇用を維持するよう努力するべきだ」との旨の見解を示している。

働き手にとっては「コロナが一段落したら、また雇うから」などというお気楽な言い訳はなんの慰めにもならない。コロナ禍における社会不安を最小限に抑えるという意味でも、会社にはできるだけ雇用を維持するという社会的な役割がある。解雇はＮＧだなどというつもりはない。ただ目の前にある支援・助成制度を活用する努力もしない無責任な経営者や雇用主に、そもそも会社を起こす資格などない。

「すっかりきれいな手になっちゃいました」

話をユウスケさんに戻そう。

東京都内で飲食店を経営する両親のもとで育ったユウスケさんは地元の高校を卒業後、ずっと飲食業界で働いてきた。ただ、今後しばらくは飲食店では働きたくないという。長年、まじめに働いてきた職場を追われたショックはそれだけ大きかった。

「まずは失業保険で一息ついて。その後は配送ドライバーをやってお金を貯めます。小さくてもいいので、いつか自分の店を持ちたいんです。そのときは、人を雇う側になるので雇用のことも、保険のこともちゃんと勉強しますよ」

話を聞いたファミリーレストランを出て、駅に続くコンコースを歩いていたとき、両手を握っては開くという動作を繰り返していたユウスケさんがふいに「手がすっかりぼけちゃって」と言った。この二カ月間、仕事をしていないのですっかり手がなまってしまったのだという。

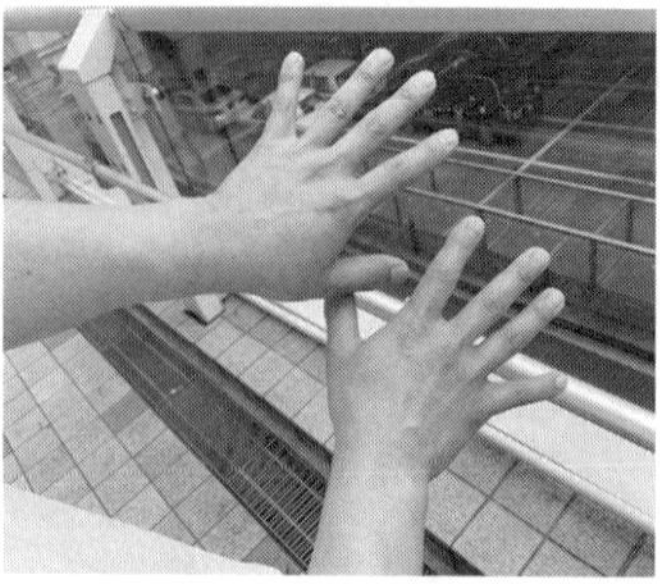

料理人の手のひらはグローブのように分厚く、指はモミジのように太くなるのだという。自分の手はまだまだだと、ユウスケさんは言う（筆者撮影）

「料理人の手はグローブみたいなんです。モミジみたいになるんです。布巾を絞ったり、包丁を握って大きな魚をさばいたり、重い鍋を持ったりするから。僕のはまだまだだけど……。電車の中なんかでは、料理人の手だなって、わかる人いますよ」

つねに指をうごかしたり、物を握ったりするので、料理人と言われる人の手のひらはグローブのように分厚くなり、指はモミジのように付け根にかけて太くなるのだと、ユウスケさんが誇らしげに教えてくれた。解雇される前は、自分の手はもっとがさついていて、手の甲や腕には油跳ねによるやけどの跡が、指先付近には串に鶏肉を刺すときにできる〝串ダコ〟が、もっとはっきりわかったのに、という。

ユウスケさんは手のひらをかざすと、少し寂しそうにこう言った。「すっかりきれいな手になっちゃいました」。

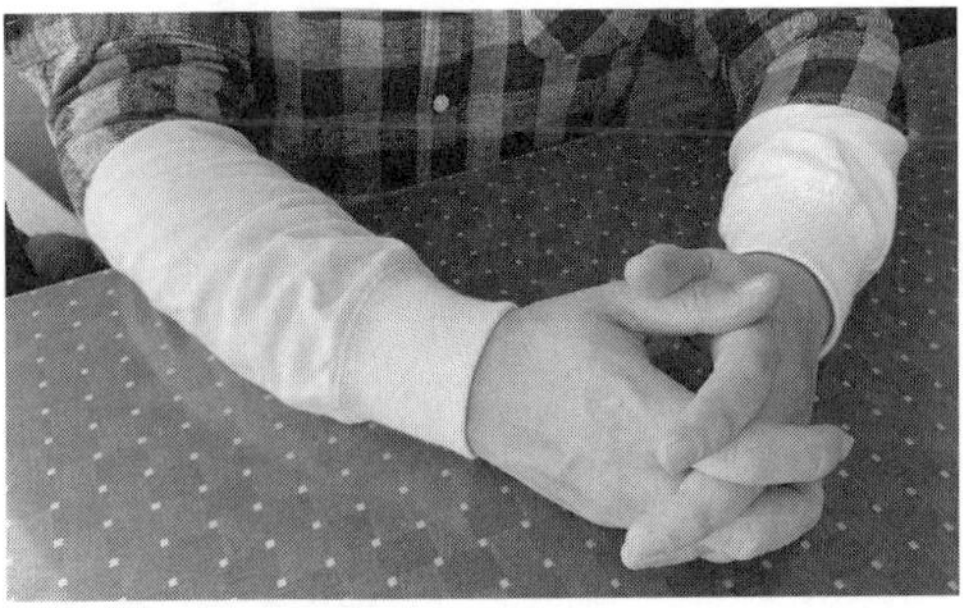

コロナで仕事も住まいも失ったヤスユキさんは、それでも生活保護だけは利用したくないという。ダブルワークをしてもネットカフェ暮らしから抜け出すことは難しかった（筆者撮影）

収入ゼロでも「生活保護は恥ずかしい」男の心理

コロナの影響で「日雇い労働」の仕事を失った

「健康保険料も住民税も滞納してるのに、人様の税金のお世話になるなんて……。肩身が狭いし、申し訳ないです。いい年して食べるものや住まいのお金も自分で用意できないと思われるのは、恥ずかしくて嫌なんです」。ヤスユキさん（仮名、四〇歳）は生活保護を利用しない理由をこう説明する。

日雇い労働者として建設現場などで働いてきた。新型コロナウイルスの感染拡大の影響で仕事を失い、ネットカフェの休業で住む場所も失った。持病の喘息が悪化する中で路上生活も経験。民間の支援団体の関係者からは生活保護を申請してはと促されたが、「もう少しだけ頑張ってみます」などと言ってやんわりとかわしてきたという。ヤスユキさんは取材に対しても「生活保護は恥ずかしい」と繰り返した。

借金の肩代わりから始まった貧困

出身は東北地方。高校卒業後、溶接工として働いた。さまざまな資格も取得。地元では腕のいい一人親方としての信頼も厚く、仕事の依頼は途切れることはなかった。年収は六〇〇万円ほどあったという。

人生の風向きが変わったのは二〇代半ば。知人から「母親が病気になった」などと泣きつかれ、ヤスユキさんの名義で複数の消費者金融業者から借金をしたのだ。総額一五〇万円ほど。ほどなくしてその知人とは音信不通になった。返済は続けたものの、元金がほとんど減らないことから「ばからしくなって」次第に支払いが滞るようになったという。

あるとき、新しくクレジットカードを作ろうとしたところ、自分の返済遅延の情報がいわゆるブラックリストに載っていることを知らされ、初めて事態の深刻さに気がついた。借金のせいで両親との関係も悪化。いっそ東京で再起をはかろうと、三年前に都内に拠点を移したのだという。

ただ、現実は厳しかった。それまでの実績とは関係なく、東京では会社に登録して日雇い労働者として働くしかなかった。一現場八〇〇〇円ほどで、個人事業主時代の半分以下。

最初は「現場で実力を見せれば、声をかけてくれる会社はいくらでもある」と期待したが、個人的にもらえた仕事はいずれも単発。単価も地元での水準には遠く及ばなかった。「作業員の中には素人もいて、現場では私が作業主任を任されるんです。でも、主任手当はたったの五〇円ですよ」とヤスユキさんはこぼす。

そもそもヤスユキさんの働かされ方は違法の可能性が高い。ヤスユキさんは毎日違う現場に派遣されるなど実態は派遣労働者に近い。しかし、建設業の労働者派遣は法律で禁じられている。表向きには請負を装っているのだとすれば、「偽装請負」である。

話は少しずれるが、ヤスユキさんによると、東京の現場の質は低いという。「住宅のリフォームなんかでは、傾きがないことを確認するためにビー玉を床に置くのですが、そのビー玉が転がってしまうこともある。誤って大黒柱を切ってしまったなんてこともあります」と話す。

日雇い労働者だから質が低いという問題ではない。未経験者もベテランも一緒くたにして違法に買いたたくのだから「安かろう、悪かろう」になるのは当然のことだ。

思ったよりも稼げないと知ったヤスユキさんは、昼も夜も仕事を入れた。午前八時ごろから夕方まで働き、その日の深夜から翌朝早朝まで別の現場で働くのだ。派遣先は遠方のこともあり、アパートは借りずにネットカフェで仮眠をとった。そのほうが効率的だと考えたのだ。四〇万円近く稼げる月もあったが、ダブルワークは体力的に厳しく、ならせば月収は二〇万円ほど。結局ネットカフェ暮らしは割高となり、〝家計〟を圧迫した。

さらに東京に来て間もなく喘息を発症。国民健康保険料を滞納していたので、病院では治療費として約一〇万円を請求された。その後はだましだまし市販薬を服用してきたが、昨年末に症状が悪化。発作を抑えるために一本一〇〇〇円近くする酸素スプレーなどを一日に何本も使ったうえ、現場が年末年始の休暇に入ったこともあり、あっという間に所持金が底をついた。

そして、初めての野宿を経験。ヤスユキさんは恥ずかしくて段ボールを拾い集めることができなかったという。「酔いつぶれたサラリーマンに見えるよう」公園の木の陰に横たわったが、寒さで一睡もできなかった。カップラーメン一つ買えないひもじさと、動物のものか、人間のものかわからないアンモニアの臭いを、今も鮮明に覚えている。

なぜ生活保護を利用しないのか

このときに知り合った支援団体の助けもあり、路上生活からは脱することができたが、今度はこのコロナ禍である。次第に仕事が減り、節約のためにネットカフェの無料のソフトクリームで飢えをしのいだり、現場まで往復二時間かけて徒歩で通ったりしたが、四月中旬、ネットカフェの休業により住まいを失った。

当時の心境をヤスユキさんは「『死んでくれ』と言われているようでした。このままでは本当に命を落とすと思った」と振り返る。

私が不思議なのは、ヤスユキさんは命の危険を覚えるまで追い詰められながら、なぜ生活保護を利用しないのか、ということだ。ヤスユキさんだけではない。私はこの間、無料の食事提供や解雇、雇い止めの現場を取材したが、そこでは本当に多くの人が「生活保護だけは嫌」「そこまで自分を甘やかしたくない」と言って生活保護の利用を拒んだ。

ヤスユキさんの人に迷惑をかけたくないという気持ちを理解できないわけではない。ただ迷惑をかけるというなら、借金を踏み倒すことは褒められたことではないし、減免申請もしないで保険料を滞納した時点で、相互扶助が前提である保険制度の運営に影響を与えている。

私にヤスユキさんを責める意図はない。悪いのは、法外な金利を設定した金融業者であり、違法な働かせ方を野放しにする雇用政策である。借金についても一番後悔しているのはヤスユキさん自身だろう。ただ、なぜ生活保護を利用することに対してだけ、ここまでのスティグマ（社会的恥辱感）を抱くのか。そこが疑問なのだ。結論を先に言うなら、それは世間による生活保護バッシングが原因だろう。

六月一五日の参議院決算委員会における生活保護をめぐる議論で、安倍晋三首相が「生活保護に対して攻撃的な言質を弄したのは自民党ではない」という旨の発言をしたのを聞き、耳を疑った。いやいや、生活保護利用者は怠け者、不正受給者が多いといったバッシングを続けてきたのは自民党でしょう。

具体例を上げよう。石原伸晃幹事長（当時）は二〇一二年、報道番組で「ナマポ」という言葉を使ったあげく、「『（生活保護を）ゲットしちゃった』『簡単よ』『どこどこに行けばもらえるわよ』。こういうものを是正することはできる」と発言した。

ナマポとは生活保護の蔑称であるネットスラングだし、内容的にも簡単に不正受給ができるかのような誤解を招きかねない。〝不正受給者〟がなぜ女性言葉なんだというツッコミは脇に置くとしても、生活保護に対する歪んだ価値観が丸わかりになる失言である。

同じ時期、世耕弘成参院議員も雑誌で「生活保護受給者の権利が一定程度制限されるのは仕方ない」という旨の発言をしている。片山さつき参院議員も雑誌の対談や講演で「生活保護は働けるのに働かない人々を生み出す」「不正受給こそが問題」といった主張を繰り返してきた。何よりこの間、生活保護は恥という世論を作り出し、それに乗じて複数回にわたって生活保護基準を引き下げてきたのは、自民党ではなかったのか。

本連載でもすでに書いたが、生活保護の問題は不正受給ではない。生活保護を利用する権利がある人のうち、実際に利用している人の割合である「捕捉率」の低さである。これはデータが明確に示している事実だ。

あらためて反論したい。生活保護を利用する人々を差別と偏見にさらし、スティグマを植え付けたのは自民党ではないのか。

話をヤスユキさんに戻す。

私にはヤスユキさんにもう一つ聞いてみたことがあった。かつてダウンタウンの松本人志さんがテレビ番組で、ネットカフェで暮らす人々について「ちゃんと働いてほしい」「(ネットカフェを追い出されて)路上なら頑張るんじゃないか」などと発言したことについてだ。

「ネットカフェ難民は努力不足」と思っていたが…

番組では、東京都の調査でいわゆる「ネットカフェ難民」が約四〇〇〇人に上ることがわかったというニュースを取り上げた。調査では、そのうち七五%が派遣やパートなどの不安定な働き方をしていることや、ネットカフェ以外の路上やファストフード店などでも寝泊まりしていることも報告された。まさにヤスユキさんが経験したとおりの実態である。

ネットカフェ難民は路上に追い出せと言わんばかりの松本さんの主張はおおいに問題なのだが、ヤスユキさんは一連の発言を知らなかった。私がかいつまんで説明すると、複雑そうな表情でこう語った。

「実態を知らずに想像だけで話すから、こんな上から目線のコメントになっちゃうんですね。でも、自分も以前はネットカフェ難民なんて努力不足だからなるんだ。（アパートを借りるための）初期費用くらいちゃんと働けばすぐ貯められるだろって思ってました。そのときはまさか自分がネットカフェ難民になるなんて思ってもいませんでしたから……」

ヤスユキさんは現在、東京都の支援事業を利用して都内のビジネスホテルで暮らしている。「（支援団体の）助けてくれた人たちに再起した姿を見てほしい。今度は自分がちゃんと税金を払って本当に困っている人に生活保護を使ってほしい」。そう言って、単発の仕事を見つけては、出かけていく日々だ。

取材後に動画で送られてきた作品。文字どおり決意を込めてヤスユキさんが自身がしたためた（筆者撮影）

取材後、私のＬＩＮＥに「必ず一歩ずつ前進し、人生の新しい一歩を踏み出します」というメッセージとともに、半紙に筆で書をしたためる動画が送られてきた。

書かれていたのは「決心」。迷いのない、堂々とした筆遣いだった。取材中、私が生活保護のことばかり尋ねたことへの、彼なりの意思表示なのかもしれないと感じた。

たしかに生活保護を利用するかしないか、決めるのはヤスユキさん自身なのだろう。コロナが収束し、仕事を再開し、今度はアパートを借りる——。そう語るヤスユキさんの希望が決して夢物語ではないことを信じたい。

孤独と差別の発達障害

発達障害と貧困

発達障害については、本連載の取材を通して初めて知ることも多かった。

「僕、これから取材を受けるんです」「この人、東洋経済の記者さんです」。取材で会った四〇代の男性。約束した最寄り駅に一〇分ほど遅れてきた男性と落ち合い、自宅である公営住宅に向かう。すると男性が管理人やご近所さんたちとすれ違うたびに、笑顔であいさつを始めるではないか。私は仰天した。そしてすぐにこう忠告した。「取材を受けることはあまり人には言わないほうがいいと思います」。

本連載の取材において最も注意していることのひとつ。それは話を聞かせてくれた人が誰なのか、特定されないようにすることである。なぜなら連載のテーマが貧困だから。

貧困であること自体は悪いことでもなんでもない。しかし、貧困状態に陥った経緯や、現在の暮らしぶりなどについて、世の中には重箱の隅をつつくかのような誹謗中傷をしてくる人もいる。いわゆる貧困バッシングである。特にネット媒体の記事の場合は匿名で無責任なコメントを書き込むこともできるし、それらは際限なく拡散され、炎上したりもする。

私は記者なので、批判や中傷を受けることも仕事のひとつだと思っている。しかし、取材に応じてくれた人がバッシングされる事態はできるだけ防ぎたい。本人が特定される〝身バレ〟など論外である。このため記事の中では名前はすべて仮名にしているし、本人が特定されそうな出身地や家族構成、勤務先などは可能な限りぼかした書き方にすることもある。

しかし、本人が記事に出ることを周囲に言いまくってしまっては、身バレの防ぎようがない。大丈夫だろうか――。

一抹の不安がぬぐえないまま、取材は始まった。この男性には自宅で話を聞いた。本連載は女性の私が男性を取材する形になるので、無用なトラブルを避けるため普段は自宅での取材はしない。ただこの日は担当編集者が同席できたことと、男性自身が自宅での取材を希望したことから、彼が暮らす公営住宅で話を聞くことにしたのだ。

事前に聞いてはいたが、ワンルームの室内は足の踏み場がないほど散らかっていた。不潔というよりも、片づけられないという感じ。書籍や書類、衣類、処方薬といった物が散乱しているという印象だった。

そして取材に入ってすぐに気が付いたことがある。まったく話が前に進まないのだ。生い立ちについて尋ねているのに、いつの間にか地元の友人が今何をしているのかという話になっていたり、主治医の見立てについて尋ねたはずが、これもまたいつの間にか以前かかっていた医師の講演や書籍の話になっていたりする。話が脈絡なくあちこちに飛んでしまう――。

私は次第に焦ってきた。話を聞き始めたのは昼前。窓から外を見ると、街灯に明かりがともり始めていた。それなのに筋道だった話をほとんど聞けていない。

私の焦りをよそに、男性はこれから自分のパートナーの家に行かないかと言い出した。最初に、取材を受けることはだれにも言わないほうがいいと説明したのに、どうして……。私の焦りは苛立ちへと変わっていった。

もちろんパートナーの家には行かなかった。記事には、なかなか筋道だった話を聞けなかった戸惑いをそのまま書いた。

この男性は発達障害のひとつＡＤＨＤ（注意欠陥・多動性障害）だった。私自身、まだ発達障害についての知識も、当事者を取材する機会も少なかったころの経験である。今であれば、この男性の振る舞いや発言の多くが障害の特性であることが分かる。ちなみに会話の流れがとりとめもなく、話題があっちこっちに飛んでしまうことを〝ポップコーン現象〟というのだということは、ずいぶん後になってから知った。


そもそも発達障害とはなにか。

発達障害とは、生まれつきの脳機能の発達の偏りによって生じる障害のこと。得意なことと、不得意なことの凸凹の差が大きかったり、周囲とのコミュニケーションや空気を読むことが苦手だったり、忘れ物やケアレスミスが多かったりといった特性がある。また、注意力が散漫になってしまう人がいる一方で、名前を呼ばれても気が付かないほど過集中の状態になってしまう人もいる。こだわりが強すぎたり、光や音などの刺激に敏感だったりすることで、周囲から浮いてしまうといった困りごともあるようだ。

私が取材で出会った人でいうと、約束の時間に遅刻をしてくる人が多かった。まず自宅を出るまでに時間がかかるうえ、最寄り駅に着いてから待ち合わせの場所まで歩いてくるのにも、お店や街路樹、行きかう人の様子などが気になり、そのたびに立ち止まってしまうのだという。

また、喫茶店で話を聞いていると、たびたび会話が途切れる人がいたので、理由を尋ねると、周囲の音が気になって仕方ないのだと言っていた。近くの席の人の笑い声やホールスタッフが注文を取る声、皿の触れ合う音などが、私の話と同じボリュームで耳に入ってくるのだと説明してくれた。

ある二〇代の男性は有名私大を卒業したものの、発達障害のせいで雇い止めに遭い、取材当時は障害者雇用枠で仕事をしていた。業務内容はいわゆる単純作業だが、軽い知的障害のある同僚よりも作業のスピードは遅く、ミスは多いのだと話していた。この男性は取材で話を聞く分には語彙も豊富で、受け答えも完璧だった。仕事もさぞそつなくこなすように思えたが、一見しただけでは分かりづらいのも発達障害の特徴のひとつである。案の定、大学卒業後、自分に障害があるとは知らずに勤めたいくつかの一般企業では、上司や先輩から「甘えている」「手を抜いているんだろう」「学生気分はやめろ」と散々に叱られ、怒鳴られたという。

このように一口に発達障害といっても障害の程度や特性はさまざまだ。診断された時点で落ち込んで諦めてしまう人がいる一方で、生きづらさを少しでもなくすためにさまざまな努力をしている人もいた。遅刻が多いという人の中にはあらかじめ三〇分早く家を出るという〝マイルール〟を課している人もいれば、うっかりミスや物忘れを防ぐために腕に巻くタイプのメモを使っている人もいるなど、障害との向き合い方もまたそれぞれだった。

発達障害の人が抱える最も過酷な困難。それは障害そのものというよりも、その特性のせいで受けるストレスやトラウマが原因となって発症する二次障害なのではないだろうかと、私は思う。二次障害にはうつや不安障害、ひきこもり、自傷行為などがある。

発達障害の人はまず子ども時代にいじめに遭いやすい。子どもたちは存外残酷だ。周囲から浮きがちな仲間に対し「空気が読めない」「とろい」「自分勝手」などとレッテルをはっては、ときにすさまじい仕打ちをする。いじめられた子どもの中にはそのまま家にひきこもったり、不登校になってしまったりするケースもある。ここ数年、社会問題として関心が高まったひきこもりには、発達障害の人が相当数含まれているともいわれる。

環境や人間関係に恵まれて学校時代をなんとか乗り切っても、ほとんどは社会人なってから適応しきれなくなる。ケアレスミスが続いたり、作業が遅かったり、いつまでたっても作業手順が覚えられなかったり、マルチタスクができなかったり――。次第に職場に居場所がなくなり、ひどい場合はパワハラに遭い、結局クビを告げられたり、退職に追い込まれたりする。一〇カ所以上の職場を転々としてきたという人も珍しくない。

二次障害はこうした過程で発症する。これを防ぐためには、早期発見、支援が最も有効とされる。発達障害の子どもたちの支援に携わるある幼稚園教諭によると「障害の程度にもよりますが、早い段階で専門的な支援を受ければ、落ち着きがない、人との距離感がつかめない、感情のコントロールができないといった生きづらさの原因となる特性は、小学校低学年になるころには解消されるケースがほとんどです」という。


発達障害への社会的認識が広まるにつれ、最近では子ども時代に診断がつくケースが多くなっている。そうしたなかで、まるで時代に取り残されてしまったかのような世代がある。それは現在四〇～五〇代に当たる人たち。生まれでいうと、一九六〇年代から一九八〇年代あたりに生まれた人たちだ。

発達障害という言葉が今のように当たり前に使われるようになったのはいつごろからだったか。発達障害者支援法が制定されたのが二〇〇四年だから、やはり二〇〇〇年前後あたりからなのではないか。

つまり現在四〇～五〇代の人々が子どものころには発達障害という概念自体がなかった。このため自分でもわけが分からないまま子ども時代はいじめに遭い、親からは理不尽に叱られ、社会人になってからは「使えない」と言われてクビと転職を繰り返す――。何かがおかしいと思って二〇代のころに病院に行っても、当時は「新社会人の甘え」「大学を出ているのに発達障害のわけがない」と言われて門前払いをされてしまうことが多かったという。

大人になってからようやく発達障害と診断されたころには心身ともにズタズタ。深刻な二次障害を発症し、自己肯定感もプライドも落ちるところまで落ちてしまっている。これが一九六〇年代から一九八〇年代ごろに生まれた発達障害の典型的なパターンのひとつである。

もちろん年齢を問わず、深刻な生きづらさを抱えている人は大勢いる。ただ幼少時に診断がついていれば、少なくとも障害を前提に進学先や就職先を探すという選択肢はあった。

数年前にようやく診断を受けた五〇代の男性は「私たちの世代は『発達障害先史時代』です」と言っていた。自分より上の世代には発達障害という存在がなかったし（いわゆる高齢世代に発達障害の人がいなかったかどうかについては、後ほど触れる）、下の世代は専門的なケアを受けることができている。自分たちはちょうど狭間に落ち込んだ世代だというのだ。

「発達障害の生きづらさは努力や服薬である程度コントロールできます。でもいったんいたんでしまったメンタルはそう簡単には元に戻らない。もっと早く生まれるか、遅く生まれるかしていれば……。自分の人生はここまでボロボロになることはなかったのではないかと思っています」

社会に適応するために必要な早期発見と支援。そのためには医療機関の診断が欠かせない。この点に関連して私が発達障害の人、特に成人してから診断を受けた人に話を聞く際、必ず尋ねることがある。

「発達障害と診断されるまでにどれくらいかかりましたか？」。

話は少しずれるが、現在、発達障害はその特性などによって、自閉症スペクトラム（ＡＳＤ）と注意欠陥・多動性障害（ＡＤＨＤ）、学習障害（ＬＤ）の3つに分けられる。従来のアスペルガー症候群や広汎性発達障害などはＡＳＤに含まれるようになった。

こうした診断を得るには、まず幼少期からの生育歴や現在の生活歴などを説明するための診察を受ける。子ども時代の出来事については両親が同席したり、母子手帳などが参考にされたりすることもある。続いて検査。スクリーニング検査や、認知機能を調べる「ＷＡＩＳ（ウェイス）－Ⅳ」などいくつかの検査を受けることが一般的だ。

こうした診察と検査をもとに、最終的には医師が総合的な判断のもとで診断をくだすことになる。ある医師はこんなふうに話していた。

「発達障害と診断するか、しないかは、本人のその後の人生にも大きな影響を与えます。ですから普通は数カ月、場合によっては一年くらいかけて慎重に判断します。かりに診察や検査の結果が同じでも、本人が特に生きづらさを感じていない場合はあえて診断しないこともあります。反対に人間関係や仕事で現在進行形の困難を抱えていているような場合は積極的に診断することもあります」。

それだけ発達障害の診断はセンシティブな作業であり、それなりに時間もかかるということだ。

私が大人になってから発達障害と診断された人に必ずする質問に、話を戻そう。診断されるまでにどれくらいかかりましたか？

私がこう尋ねると、意外なことに「二、三日」とか「一ヵ月くらい」と答える人が少なくない。中には初めて病院にかかったその日に診断されたと話す人もいた。こうしたケースの場合、たいてい両親からの聞き取りや各種検査は行われていない。〝即日診断〟されたというある男性は「ネットで見つけた発達障害の特徴と自分の経験談を交えて話をして、『アスペルガーだと思います』と言ったら、その日のうちにその通りに診断してくれました」と話していた。

私が取材する限り、このようにありえない速さで診断する医師ほど処方薬が多かったり、本人が副作用を訴えても処方薬の種類や量を変えてくれなかったりする。中には診断後、提携している施設への入院・入居を強いるケースもあった。

発達障害については広く知られるにつれ、診断を望む人が増えたといわれる。さまざまな生きづらさやストレスを抱えてきた人の中には自分の症状に明確な名前が付くことで「自分の甘えではなかった」「努力不足ではなかったと分かり安心した」などと受け止めるケースが少なくないからだ。その気持ちは十分に理解できる。一方で「発達障害ではないと伝えると、がっかりして帰っていく人がいます」（先ほどの医師）と言う。

ところが、一部の医療現場では、こうした「発達障害と診断されたがる人々」の弱みに付け込んで、必要な診察や検査もすっ飛ばして短期間で診断を下す〝発達障害ビジネス〟が横行している。

発達障害ビジネス――。今後、じっくりと取材をしてみたいテーマのひとつでもある。

なぜ発達障害は増えたのか

発達障害の人に話を聞く機会が増える中で、私の頭に片隅にはいつもある疑問があった。発達障害は増えたのか？　増えたとしたらそれはなぜなのか？

文部科学省が全国の国公私立小学校、中学校、高校の通級による指導を受けている児童生徒を対象に調べたところ、二〇一九年の「注意欠陥・多動性障害」の児童生徒数は二万四七〇九人でこの一〇年間で六倍に増えたほか、「自閉症」は二万五六三五人で三倍に増えた。

統計上は明らかに増えている。しかもかなりの割合で。「大人の発達障害」については正確な統計はないが、同様に増加傾向にあると言われている。ではその理由は何か。

ひとつには発達障害についての社会的認識が広まったことがある。さらには先ほど触れた発達障害ビジネスがはびこる中での過剰診断の影響もあるかもしれない。

そしてもうひとつ。私は、発達障害が増えた背景には「社会が不寛容になったこと」があるのではないかと感じている。

本連載の中でも少し触れているのだが、あるとき、私は取材で知り合った発達障害やひきこもりについて詳しいソーシャルワーカーに、なぜ発達障害は増えたのかという質問をぶつけたことがある。ソーシャルワーカーは「これが答えになっているか分かりませんが……」と前置きをした後、こんな経験談を話してくれた。

「あるとき、発達障害の息子さんを持つお父さんから相談を受けたことがあるんです。このお父さんの話では、息子さんが発達障害と診断され、会社もクビになり、ひきこもり状態になってしまったと言うんですね。ただしばらく話を聞いていると、話しぶりなどからこのお父さん自身にも、発達障害の傾向があることが分かりました。ただ、お父さんは普通に結婚をして子どもを持ち、会社も定年退職まで勤め上げ、今は年金暮らしをしているわけです。

つまり、このお父さんも息子さんも同じように発達障害の特性を持ちながら、お父さんは社会や社会に居場所があった。でも、息子さんにはないわけです。あらためて考えてみると、昔は不愛想だけど腕のいい板金工とか、人付き合いには難ありだけど経理を任せたらピカ一という会社員とか、そうした人たちにも当たり前に居場所があったと思うんです。

でも今は就労支援をしていても、求められるのはコミュニケーション能力とか効率ばかりなんですよね。そこでなじめない人は、いづらくなったり、嫌がらせをされたりして長く働き続けることができない。社会全体が不寛容になったと感じます。そうした社会の変化と発達障害が増えたことには、何かしらの関係があるように思います」

非正規雇用の増大によって利益を上げているような企業では、作業が遅かったり、対人関係がうまく築けなかったりする社員は〝お荷物〟扱いされることが多い。発達障害の人の中には、得手不得手のうち『得手』の部分が驚異的に優れていて天才的な能力を発揮する人もいるが、圧倒的大多数はケアレスミスが多い、意思疎通がうまくできないなどの理由で、会社に勤めても雇い止めや解雇に遭いがちだ。何度も転職を余儀なくされれば、心身ともに追い詰められる。かくして精神科や心療内科を訪れる人が増え、診断も増えることになる。

本連載では、東洋経済オンライン編集部に取材依頼のメールを送ってくれた人か、もしくは私が独自に取材で出会った人に話を聞かせてもらっている。タイミングによって増減はあるものの、編集部に寄せられる依頼メールの七割は発達障害だという人からのものだ。それだけ発達障害は貧困状態に陥りやすい社会の構造があるということなのだろう。

発達障害の人を取り上げると、その苦労や生きづらさに共感する声が寄せられる一方で、「発達障害の部下を持つほうの身になってほしい」「アスペ（アスペルガー症候群）の上司のせいでこっちがメンタルを壊しかけた」といった批判的な感想も少なくない。

こうした人たちの気持ちを理解できないわけではない。私自身、発達障害の人を取材する機会が少なかったころは、当たり前のように遅刻をしてきたり、話があちこちに飛んでしまったりする人に、ずいぶん戸惑ったものだ。

ただ実際には発達障害と分かってからさまざまな努力や工夫をして社会に適応しようとする人たちは少なくない。こうした人たちと一緒に働くことは決して難しいことではないはずだ。最近の取材でも、作業工程を書くためのホワイトボードを用意したり、マニュアルに具体的な数字を表記したりといった〝工夫〟でケアレスミスが減ったという話を聞いた。配属できる先は限られるかもしれないが、工夫自体はそれほど手間もお金もかかるものではない。

すべての発達障害が希望通りの仕事に就くことは難しいかもしれない。それでも、排除よりも、ともに生きる社会を目指したいと、私は思う。

早稲田政経卒「発達障害」二六歳男が訴える不条理

「高学歴なのになぜバカなんだ？」と罵倒される

今回紹介するのは「高学歴なのに発達障害という点で理解が得られず、福祉の谷間に落ちた感覚」と編集部にメールをくれた、二六歳の男性だ。

よく道に迷うので、周囲に助けを求めやすいように「ヘルプマーク」を身につけている。この日の取材でも待ち合わせ場所になかなかたどり着けず、遅刻しそうになったという（編集部撮影）

発達障害と診断後、本当の地獄が始まった

「もっと早く、誰かに見つけてほしかった」

昨年、発達障害と診断されたソウスケさん（仮名、二六歳）はこう繰り返した。早稲田大学政経学部を卒業。しかし、出版社での勤務も国家公務員の職場も長くはもたなかった。「あがいても、あがいてもどうにもならないことがたくさんありました。早期発見されていれば、あそこまで苦しむことはなかったのではないかと思うと、今も悔しい気持ちです」。

ソウスケさんが長年生きづらさを抱える中、周囲からは容赦なく罵倒された。

「ふざけてんのか！真面目にやれよ」
「高学歴なのに、どうしてそんなにバカなんだ？」
「できそこない」「甘えている」「怠けているだけ」――。

こうした罵詈雑言は彼自身に「自分は人間失格なんだ」と思わせ、自己肯定感を奪い去るには十分だった。会社を辞めた後、注意欠陥障害（ＡＤＤ）と自閉症スペクトラム（ＡＳＤ）とわかったが、時すでに遅し。このころには抑うつや不眠などの二次障害を発症していた。そしてソウスケさんに言わせると、本当の地獄はむしろここから始まった。

「診断直後はホッとしました。予想も覚悟もしていましたし。それなのに、心の奥底で拒否感が拭えませんでした。二五年間、〝健常者〟だと思って生きてきたので。障害者になったことを受け入れられなかったんです。

通い始めた障害者向けの就労移行支援事業所の職員から、まるで子どもに対するようにゆっくり話しかけられ、『よくできましたねー』と言われたとき、『本当に障害者になっちゃったんだな』と思いました。ショックでした。『どうして自分なんだ』『なぜ誰も見つけてくれなかったんだ』。そう思うと、言いようもない怒りが煮えたぎりました」。

慰めてくれる母親に「なんで生んだんだ」と当たり、「発達障害なんて甘えだ」と責める父親と何度もつかみ合いの喧嘩になった。もともとおとなしく、内向的な性格だっただけに、ソウスケさんも自らの内側にある攻撃性に戸惑ったという。

相次ぐ殺傷事件に震撼

発達障害と診断されてからの一年間、ソウスケさんはひきこもりに近い状態に陥った。ちょうど同じころ社会では、背景にひきこもりの問題があったのではと指摘される事件が相次いだ。五月には川崎市内で五〇代の男性が小学生らを殺傷、同六月には東京・練馬区で元農水事務次官が息子を刺殺、同七月には京都アニメーション放火事件が起きた。

「いつか自分も犯罪者になるんじゃないか。父と殺し殺される関係になるんじゃないか。これはまずい。

絶対にこうなってはいけない」

ニュースを見ながら恐怖に震えた。川崎の事件をめぐっては、テレビやネットを中心に「(加害者は)一人で死ねばいいのに」といった主張も相次いだ。こうした意見は当然、ソウスケさんの耳にも入る。社会に迷惑をかける前にと、ネットで自殺方法を調べたりしたものの、実行することはできなかった。代わりに拒食状態になり、夕方になると気持ちが不安定になり涙が出たという。

とくに不眠は苦しかった。睡眠導入剤を服用しても数時間で目が覚める。その後はこれまでに怒鳴られたり、ののしられたりした経験が何度も頭の中でよみがえった。「暗闇の中で歯を食いしばって耐え、気がつくと窓の外が明るくなっている——。朝になると体力を使い果たした状態でした。毎日夜になるのが怖かったです」。

昨年の一年間で体重が一気に二〇キロ落ちた。

話しているだけではわからない障害の特性

ソウスケさんとは都内の喫茶店で会った。本人確認のために見せてもらった障害者手帳の顔写真に比べ、目の前にいるソウスケさんはたしかに別人のように痩せていた。一方でソウスケさんの受け答えはつねに的確で、私が取材で出会った発達障害の人たちと比べて障害の特性がほとんどわからなかった。そう伝えると、ソウスケさんはこう答えた。

「検査によると『言語理解』の能力は高いみたいです。多動性もありませんから、普通に話しているだけではわからないかもしれませんね。一方で『知覚統合』は低くて、(明らかな知的障害とまではいえない)知的境界域の水準です。視覚からの情報をうまく処理できない。自分の場合はケアレスミスが多く、地図や図表、グラフを読むのが苦手です。

例えば、バス停では目的地に行くバスが来ているのにぼんやりして乗り損ねたり、探している携帯が目の前にあるのに探し続けたりとか。場の空気が読めないので親密な人間関係を築くのも苦手です。私の障害の特性は一緒に働いてみるとすぐわかると思います」

振り返ってみると、明らかな違和感を覚えたのは高校に入学したころだったという。クラスメートと好きな小説や漫画の話をしても、おもしろいと思うポイントがずれる。「お前、おかしいんじゃない?」などと言われ、クラスでも孤立しがちだった。

深刻だった教師との関係

それ以上に深刻だったのは教師との関係。テストでは国語と英語の成績はずば抜けているのに、数学だけは最下位に近いのだ。得点が「四点」だったこともあった。教師から注意され、必死で勉強し、塾の個人指導も受けたが、数学の成績は下がる一方。精一杯努力しているのだと伝えても、教師からは「怠慢だ。真面目にやらないと将来苦労するぞ」と責められるだけだったという。

念願かなって就職した出版社では複数の作家を担当。しかし、作家たちのスケジュール管理はソウスケさんが最も苦手なマルチタスクでもあった。失敗の連続で、上司からは毎日のように「学生気分はやめろ」と怒鳴られた。「やる気だけは見せなければと毎朝七時に出社して深夜まで残りましたが、結局一年もたずに退職しました」。

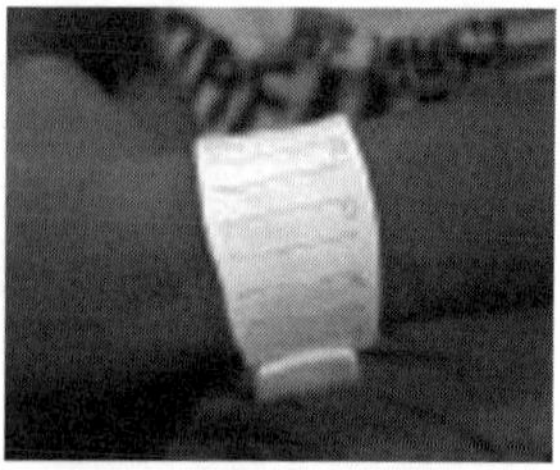

腕に巻きつけ、繰り返し書くことができるメモ。障害によるトラブルを防ぐため、バイト先の注意事項や約束事などを記している。（編集部撮影）

このころ、ソウスケさんは自身の発達障害を疑い、医療機関を訪れている。しかし、医師からは「新社会人の甘え」と決めつけられ、検査を受けることさえできなかったという。

脱しつつある「地獄の一年」、その転機は

その後、公務職場なら自分に合っているのではないかと、警備員のアルバイトをして学費をため、予備校に通った。試験に合格してある官庁に正規職員として採用されたが、ここでも連日ミスを繰り返した。押印するときの日付を間違えたり、経費の計算が合わなかったり。「ケアレスミスが人権問題になりかねない仕事。ストレスに耐えられず、二カ月で辞めました。私の職歴を知っている上司から『いい加減逃げ続けるのはやめろ』と言われましたが、限界でした」

そして始まったのが〝地獄〟の一年。今ソウスケさんはその暗闇から脱しつつある。いったい何が転機になったのか。

ソウスケさんはひきこもりに近い状態の中でも、マンション清掃のアルバイトを続けた。週三日ほどしか働けない時期もあったが、何かしら社会とのつながりを持ち続けなければという一心でこの仕事だけは辞めなかったのだ。また障害者手帳を取得したことで、父親の態度が少し軟化したという。

「(マンションの)大家さんが理解のある人で、私の体調を気にかけながらシフトを調整してくれました。私も障害の特性がわかってからは、リストバンドタイプのメモ帳を身に付けるなどしてケアレスミスをなくすようにしています。父については、障害のことを手帳という目に見える形で示せたことがよかったんだと思います。

少なくても収入があり、家族の理解も得られるようになって。私自身、ミスをしても『くよくよするな、これが特性だ』と障害を受け入れられるようになっていきました」

どうしても伝えたかった二つの思い

ソウスケさんは二回にわたって編集部に自分の話を聞いてほしいというメールを送ってきた。どうしてそこまでして取材を受けたかったのか。

「一つは早期発見の大切さを訴えたかったんです。もっと早くわかっていれば、最初から障害者雇用で働いていました。そうすれば二次障害で苦しむこともなかったのではないか。発達障害はクラスに一人、二人はいると言われてますから、（診断の際の参考にされる）ウェクスラー知能検査を義務化するべきだと思うんです。

もう一つは、発達障害は福祉の狭間に陥りがちだということ。もうすぐ（マンション清掃とは別の）清掃会社に障害者雇用枠で就職することが決まっていますが、手取りは月一二〜一三万円ほど。障害年金は申請しましたが、『該当しない』と言われました。自分は一般雇用で働くのは無理。かといって障害者雇用の給料だけでは生活できません。せめて副業ができればいいのですが、障害者雇用では副業は認められないことが多いんです」

またしても隙のない、説得力のある答えだった。

発達障害増加の背景にある「不寛容」

これは持論だが、昨今大人の発達障害が増えたといわれる背景には、世間や会社組織が「異質であること」「非効率であること」に不寛容になったことがあると思う。

本連載で発達障害の人の話を書いても、「周りにいたら気持ちが悪い」「発達障害の上司を持つほうの身にもなってほしい」といったコメントが寄せられる。居場所があって生きづらさを感じなければ、わざわざ診断を受ける必要はないという人も少なくないだろう。しかし、現代社会において「ちょっと変わった人」の居場所は確実に減った。

これに対し、ソウスケさんは「長年、〝健常者〟の側だったのでそういう人たちの考えも理解できます。自分も何か価値ある仕事ができるわけではありませんから。将来ですか？　発達障害は遺伝も関係しているという説もあるんですよね。今後、自分が家庭や子どもを持つことはありません」と言う。

ソウスケさんが絶望の崖っぷちから生還しつつあることはうれしいことだ。一方で私は二〇代の若者が「結婚はしない」と言い切るしかない社会を思う。ソウスケさんの話はどこまでも、やりきれないほど理路整然としていた。

壮絶な「いじめの記憶」に苦しむ四七歳男性の叫び

「加害者」は普通に就職して結婚して新築に住む

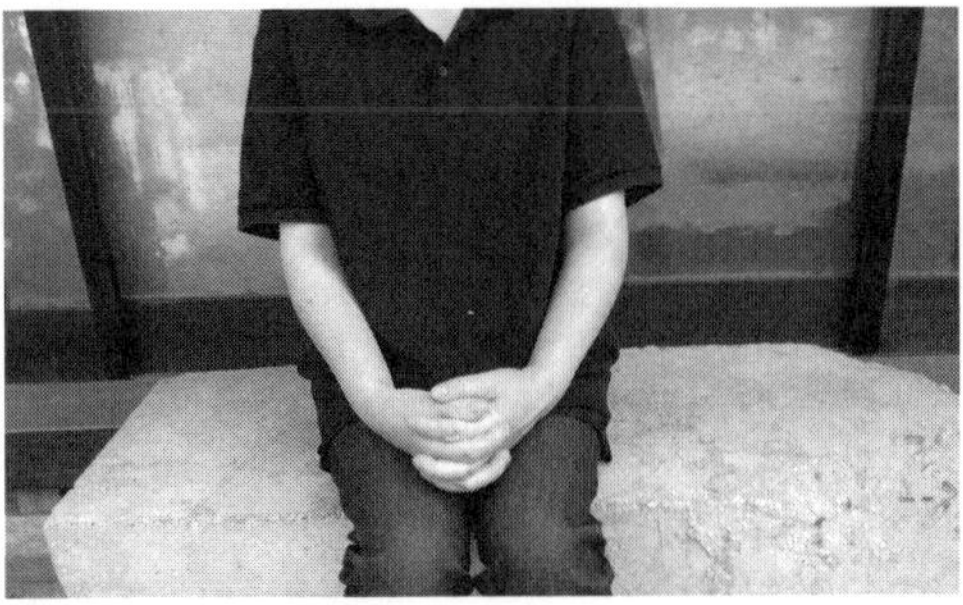

二年前に発達障害と診断されたトモノリさんは、食品加工の工場で働き始めた（写真：トモノリさん提供）

次から次へと作業があるときはパニックに

「ニンジン（細切り）一・五キロ、ゴボウ（イチョウ切り）五〇〇グラム、ニンジン（角切り）三五〇グラム」――。小さなホワイトボードに、時間割表のように作業工程が書かれている。切った野菜を小分けにする袋が入ったかごには、容量に応じて「一〇〇～二〇〇グラム用」「二〇〇～三〇〇グラム用」などと印刷したシールが張られている。

二年前に発達障害と診断されたトモノリさん（仮名、四七歳）は食品加工の工場で働き始めた。作業の順番を忘れたり、袋の大きさを間違えたりといったミスが続いたので、以前からアドバイスを受けていた「障害者職業センター」のジョブコーチ（職場適応援助者）と社長に相談したところ、ホワイトボードとシールを用意してくれたのだという。

「キリのいい数字なら大丈夫なのですが、一八〇グラム、二五〇グラムとなった途端、どの袋を使えばいいのか、頭がこんがらがるんです。今お話ししているように冷静に考えればわかるんですよ。でも、次から次へと作業があるときはパニックになってしまうんです。ホワイトボードとシールのおかげでミスが減りました」

生まれも育ちも長野県。祖父の代までは裕福だったが、自営業の父のときに身代が傾いた。戦時中に建てられたという実家は修復もままならず、「今はお化け屋敷のようです」。

高校卒業後は就職したものの、どの仕事も長続きしなかった。電話を受けながらメモを取ることができなかったり、注文の数や種類をたびたび間違えたりしたからだ。自分でも「効率が悪い、手が遅い」という自覚がある。失敗を挽回しようと焦るほどミスを重ねた。

「やる気あんのか」「遊び半分で仕事してんのか」「お前じゃ務まらないから辞めろ」――。そう罵倒されるたび、泣きながら帰ったという。「自分には知的障害があるんだとずっと思ってきました」とトモノリさんは振り返る。

クビになるたび、しばらくの間ひきこもり状態になるという繰り返し。なんとかしなければと数年前に保健師に相談したところ、社会福祉協議会の就労支援担当の相談員とつながることができた。この相談員の勧めで精神科を受診、ＡＤＨＤ（注意欠陥多動性障害）であることがわかったのだという。その後は障害者枠で現在の会社にパートとして就職。今もジョブコーチが毎月会社を訪れ、社長を交えた三者面談を続けている。

月収はコロナ前は一五万円ほどだったが、現在はシフトカットされて一〇万円ほど。正直、暮らしていくには厳しい水準だが、トモノリさんは「転職しても今以上の環境は望めないと思います。社長は『慌てなくていい。落ち着いて行動すればミスは減るから』と言ってくれる。（社協の）相談員もジョブコーチも理解のある人たちに恵まれました」と感謝する。

本連載で取材してきた中でも、理想的な形で「公助」の支援を受けたケースに見えた。しかし、トモノリさんは昨年来、編集部に何通もの悲痛なメールを送ってきた。

「毎日死にたいと思いながら生きています」「いつ死のうかと、それだけ考えながら通勤しています」「この無間地獄から抜け出したいですが、どうにもなりません」――。

かつての職場でつらい経験はしたが、現在の仕事に大きな不満はないはずだ。ではなぜこんなメールを？ あらためて話を聞くと、希死念慮の発端は子ども時代の壮絶ないじめの記憶にあった。

ナイフを突きつけられ、汚水を飲まされた

小学校高学年のころから、クラスの同級生に背中や腹、ふくらはぎをこぶしで殴られたり、飛び蹴りを食らったりするようになった。「（加害者は）元気がいいとされている男子一〇人くらい。殴られるかどうかは彼らの気分次第。『あいつは頭悪いし、弱いし、何をしてもいいんだ』という雰囲気でした」とトモノリさん。

学校からの帰り道、果物ナイフを突きつけられ、側溝にたまった汚水を無理やり飲まされたこともある。翌日、「あいつんちは貧乏だから、泥水だって飲むんだ」と吹聴された。

ランドセルを持たされたり、掃除当番を押し付けられたりするのは当たり前。一度だけ担任の教師に「なんでお前ばっかり掃除をしてるんだ？」と言われたことがあるが、報復が怖くて「いいんです」と答えることしかできなかった。教師がそれ以上事情を聞いてくることはなかったという。

中でも中学校まで続いた給食の時間はひどかった。

「ミートボールとか、鶏のから揚げとか、デザートのプリンとか、子どもが好きそうなメニューはおよそ食べた記憶がありません。『お前にはもったいない』とみんな持っていかれるんです。『やめなよ』と言ってくれる女子もいましたが、お構いなしでしたね。給食はいつも余り物を食べていました。夕方になるとおなかがすいて仕方がありませんでした」

中学では、柔道部に強制的に入部させられた。同級生三人に囲まれ「逆らうとどうなるかわかってるのか」と脅され、入部届に名前を書かされたのだという。案の定、部室の掃除や道着の持ち運びをやらされ、顧問の目が届かないところで技をかける実験台にされた。

いじめに加わる生徒の数は増える一方で、いさめてくれる女子生徒は次第にいなくなった。いじめられる原因にあえて言及するとすれば「僕が鈍くて、何をするのも遅い子どもだったからではないでしょうか」とトモノリさんは言う。いずれもＡＤＨＤの特性と関係があったと思われる。

教師に「学校に行きたくない」と訴えたこともあるが、そのたびに「（いじめた側は）元気のあるやつらだから。（トモノリさんのことが）憎くてやってるわけじゃない。こんなことくらいで学校に行きたくないなんて、これからどうするつもりだ」と逆に説教された。

「誰も助けてくれませんでした。傍観してるだけ。僕が教室で殴られていても、みんな笑って見てるだけ。僕の代わりに先生に言ってくれる人もいなかった。あのころはクラスの全員を憎んでいました」

自殺を試みたら父親から殴られた

トモノリさんは中学三年生のときに自殺を試みたことがある。ノートの切れ端に「僕は死にます」と書いたメモを黒板に張り付けて近くの裏山にのぼった。そのまま飢え死にしようと思ったのだという。〝遺書〟を残したのでちょっとした騒ぎになったが、結局その日のうちに教師に見つかった。帰宅後、父親から「いじめられるお前に原因がある。こんなことをして楽しいか」と殴られたという。

この自殺未遂後、トモノリさんが欠席している間にクラスでは話し合いが行われた。その様子を後になって人づてに聞いたところ、同級生たちは「（トモノリさんが）いじめだと勝手に思い込んでいるだけ」「遊んでいるように見えました」と言い、誰一人いじめを認める者はなかった。

それから卒業までは、殴る蹴るの暴力は減ったが、今度は無視をされるようになった。夏のキャンプやスキー教室では生徒同士でグループをつくるのだが、トモノリさんは「お前、誰だっけ」「お前は一人でもいいよな」と言われてのけ者にされた。結局こうした課外授業では、トモノリさんは教師と行動をともにしたという。

「助けてくれる人が誰もいなかった」。トモノリさんはそう何度も繰り返した。

これがトモノリさんの子ども時代の思い出だ。子どものやったこととはいえ反吐がでる。

いじめられた記憶はその後もトモノリさんの人生に暗い影を落とし続けた。高校卒業後の就職先は、いずれも通勤に一時間近くかかる隣町にある会社を選んだ。「狭い町ですから。同級生にばったり会うのが怖かったんです」。

ひきこもり状態になったときに精神科を受診したところ、対人恐怖症とうつ病と診断された。発達障害の典型的な二次障害だが、原因はあきらかに子ども時代のいじめである。

特に対人恐怖症の症状は深刻だ。人の多いところでは、めまいと立ちくらみがして、恐怖心からその場にしゃがみこんでしまう。電車やバスに乗れないのはもちろん、車も込み合う時間帯は運転できない。「反対車線に止まっている車の運転手の視線が怖い」のだという。今も通勤には車が必要だが、ラッシュ時を避けるため、工場には定時より一時間ほど早く出勤している。

免許の更新手続きも、社協での相談も、込み合っている時間帯は建物に入ることさえできない。コンビニもすいている店舗を探して一、二時間うろうろすることも珍しくない。「店内にお客さんが一人、二人なら大丈夫ですが、五人以上いるとダメです。人が減った瞬間に慌てて（入店して）買い物をします。自分でもこんな生活をいつまで続けるのかと思うと情けなくて……」。

炭酸飲料を一気に飲んで夕食を抜く

父親はすでに亡くなり、年金暮らしの母親と同居している。家計はつねに厳しいので、食事を一日一食にすることもある。そんなときは五〇〇ミリリットルの炭酸飲料を一気に飲んで腹を膨らませて夕食を抜く。築八〇年近くたっている家は雨漏りがひどいが、修復する余裕はない。せっかく発達障害と診断されたのに、病院代を払えないので処方薬も服用できていない。虫歯も放置したままで、奥歯を中心に歯はボロボロだという。

近所にはトモノリさんをいじめた人たちの家もある。「彼らは普通に就職して、普通に結婚をして。家が新築になったり、車がファミリーカーに変わったりするのを見るたび、なんで僕だけがと、やりきれない気持ちになります」。

本当は誰も自分を知らない場所で再スタートしたい。しかし、お金もなく、対人恐怖症という爆弾を抱えていてはそれも難しい。トモノリさんが「何もないんです、僕には」とつぶやいた。友達も、思い出も、恋人も、救いも、希望も、未来も、何もないのだ、と。

トモノリさんが編集部にメールを送った理由をあらためて説明する。

「今はたしかに比較的恵まれた状態にいます。でも、それでもなおつねに死にたいと考えながら毎日を生きていいます。そのことを知ってほしかった」

いじめたことも忘れ、何食わぬ顔で生きているかつての同級生たち。これはトモノリさんから彼らへのメッセージなのかもしれない。

五〇歳の発達障害男性「社労士合格」に見た希望

昨年ＡＤＨＤと診断されて勉強法を徹底的に変えた

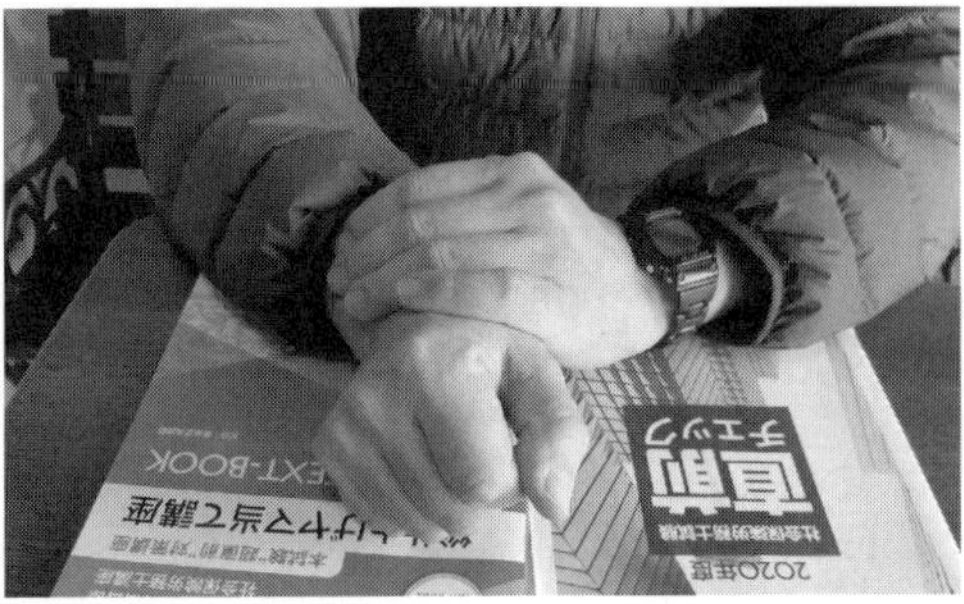

苦楽を共にしたテキスト。ミツルさんは「年金や労働関連の法律はよく改正されるので、これからも勉強は続けなければなりません」と話す（写真：ミツルさん提供）

今回は、ＡＤＨＤ（注意欠陥・多動性障害、発達障害のひとつ）と診断された人の〝成功体験〟を紹介したい。昨年、一〇回目の挑戦で、社会保険労務士の試験に合格したミツルさん（仮名、五〇歳）だ。

難関試験に合格も、周囲の反応は…

社会保険労務士は合格率六〜七％ともいわれる難関資格である。取材の際、まず「おめでとうございます」と伝えた。すると、ミツルさんは丁寧に「ありがとうございます」と応じた。ただ、その後の話ぶりは意外なほど冷静だった。

「確かに社会保険労務士になるパスポートは手に入れました。

でも合格することが目標ではありませんから」

発達障害と診断された人の中には、いろいろな会社に勤めても、ケアレスミスが多かったり、人間関係がうまく築けなかったりして解雇や雇い止めにされる人も少なくない。そして転職するたびに困窮度が増していく。ミツルさんもそうだった。組織の中でうまく立ち回れなかった自分が、社会保険労務士としてやっていけるのか——。

そうした疑問や不安を抱いているのはミツルさんだけではないという。

「両親に合格を伝えたときは、『お前が本当にＡＤＨＤなら、社会保険労務士なんて受かるはずがない』『やっぱり甘えていただけだ』と言われました。離婚した元妻には今も養育費を払っているのですが、『頼むから、独立して開業なんてやめてくれ』と言われています」

ミツルさんの周囲はお祝いムードからは程遠いのだという。ミツルさんの半生とはどのようなものだったのだろう。

ミツルさんはある地方都市でそば店を営む両親のもとに生まれた。小学生のころから宿題や教科書をたびたび忘れたり、物をよくなくしたりする子どもだった。授業に集中することができず、隣の子どもに話しかけては先生から怒られた記憶がある。

小学六年生のときの担任が両親に対して「とても私の手には負えない。転校を考えてみてもらえないか」と相談していたことを、後になって伝え聞いた。母親も「これほど手のかかる子は見たことがない」とお手上げ状態。父親は和食料理人として修業した経験を持つ苦労人でもあったことから、ミツルさんに対する評価は母親以上に厳しかったという。

このため、中学からは東海地方にある全寮制の中高一貫校に入学させられた。当時は超スパルタ教育を行う私立学校として知られ、後に教師や生徒によるリンチや事故死などが起きていたことも明らかになった。

「実際、軍隊のような生活でした。冬の朝四時から裸足で雑巾がけをさせられたり、トイレを素手で磨いたりさせられました」とミツルさん。

高校に上がるときに両親に地元に戻りたいと懇願したが、「お前が普通じゃないから、わざわざお金を出してこの学校に入れたんだ」と却下された。ミツルさんは「普通ってなんだよと、子ども心に傷つきました」と振り返る。

在学中の六年間、大勢の同級生が脱走したり、退学したりしていった。〝脱走者〟が捕まると、連座制として生徒全員が罰を受けた。ミツルさんは「周りに迷惑をかけるのが嫌で一度も脱走はしなかった」と言う。入学時約一〇〇人いた同級生のうち、高校を卒業したのはミツルさんを含め一〇人ほどだった。

一方でよくも悪くも規律正しい生活の中で、ミツルさんの成績は伸びた。このため高校卒業後は、東京の私立大学の医学部に進学。実家では親類も含めてミツルさんの〝快挙〟をたいそう喜んでくれたという。

「普通のこと」ができない

ところが入学後は、タガが外れたようにパチンコ通いがやめられなくなった。恐怖によって強いられた〝規則正しい生活〟は結局ミツルさんの身に付いてはいなかったのだ。慣れない東京での一人暮らしの中、自身を制御することができず、結局三年で放校処分に。親族からは「お前のために二〇〇〇万円は費やしたのに、なんてざまだ」と責められた。

その後、別の私立大学に進学し、卒業後は地元の金融機関に就職。しかし、ここでは計算ミスや書類の不備をたびたび指摘された。銀行員としては致命的である。二年ほどでATMの保守点検をする担当に異動。ほどなくして自ら退職したという。

三〇歳を過ぎてから実家のそば店を手伝ったものの、ここでも摩擦は絶えなかった。店は地元では有名な人気店で、食事時には行列ができた。「お店が混んでくると、混乱して段取りがわからなくなるんです」とミツルさん。

例えば、温かいそばと冷たいそばを同時に出すときは、温かいそばが伸びないように冷たいそばから作るとか、「遅い」と文句を言ってくる客には先に食事を提供してでもさっさと店から出ていってもらうとか——。父親に言わせると「みんなが普通にできること」や「いちいち説明しなくても、見ればわかること」がミツルさんにはできなかった。

父親から怒鳴られない日はなく、結局、ミツルさんは厨房で製麺だけを担当するように。父親は一〇年ほど前、ミツルさんに店を譲ることなく、のれんをたたんだ。最後まで店の命ともいえる「かえし」の作り方を教えてくれることはなかったという。

当時、ミツルさんは結婚していた。母親の知人による紹介の「見合い結婚のようなものでした」という。父親が店をやめて失業状態となったとき、子どもも二人いた。家族を養うために懸命に仕事を探したものの、すでに四〇歳を過ぎており、働き口は非正規雇用ばかり。うどん店や小売店、配達ドライバーなどの仕事を転々としたが、月給はいずれも二〇万円ほどだった。

専業主婦の妻とは、ミツルさんの稼ぎが少ないことや、子育ての分担をめぐり言い争いが絶えなかった。ミツルさんはすでに社会保険労務士の試験勉強を始めており、帰宅後はすぐに机に向かいたかったが、妻からは子どもの面倒もみるよう求められたという。

「毎日怒鳴り合いのケンカでした。妻も疲れていたとは思います。でも、私も家族がいたからこそがんばって資格を取ろうと決めたのに……。妻にしてみたら、地元の有名店の跡取り息子と結婚したはずなのに、気がついたら夫は月給二〇万円の非正規社員。向こうにしてみたら期待外れだったのかもしれませんね」

離婚後も毎年受験、ＡＤＨＤの診断が転機に

ミツルさんはその後、妻の希望にこたえるため、会社を経営する知人に頼み込み、正社員として採用してもらった。しかし、ここでもケアレスミスを連発。しばらくして社長から「将来、社会保険労務士になるということは、うちで長く働くつもりはないのだから」という理不尽な理由で二五万円の月給を二〇万円に減らされてしまった。

さらに悪いことに、そのころ妻との離婚が決定。月給二五万円を基に算出した養育費五万五〇〇〇円を毎月支払うと約束したばかりだった。現在まで養育費は一度も欠かすことなく払い続けている。しかし、「子どもが父親を怖がっている」という理由で、離婚してから五年間、一度も面会を許されていないという。

離婚後はそれまで住んでいた公営住宅に妻と子どもを残し、ミツルさんが賃貸アパートに移った。給与カットに養育費の支払い、家賃負担――。急激な負担増に、食費に事欠くこともあったという。この間も社会保険労務士の試験は毎年受け続けた。自己採点によると一点差で落ちた年もあり、そんなときはしばらく何も手につかないほど落ち込んだ。

八方ふさがりの状況の中、転機が訪れたのは昨年はじめ。会社の同僚から「発達障害だと思うから、一度病院に行ったほうがよい」と勧められたのだ。精神科を受診したところ、昨年春ごろにＡＤＨＤと診断された。

ミツルさんは「視界が開けた気がしました。今まではただの性分だと諦めていたことが、障害が原因だとわかったんです。手品の種明かしをされたようでした。不思議なことに原因がわかると、パチンコ通いも途端に興味がなくなったんですよね」と話す。

診断後、勉強方法を徹底的に変えた。漠然と「時間があるときに勉強する」ではなく、出勤前に二時間、帰宅後に三時間、平日は計五時間は必ず勉強の時間を捻出すると決めた。集中力が落ちてきたと感じたら、近所のファストフード店などに場所を変えるようにした。自分が計画どおりに物事を進められなかったり、集中力が保てなかったりするのは、障害が原因だという前提で、それまでのやり方を改めたのだ。

ミツルさんは社会保険労務士を目指した理由を次のように説明する。

「人々の生活に密接に関わる仕事だからです。例えば、父のそば店では私を含めて従業員全員が社会保障

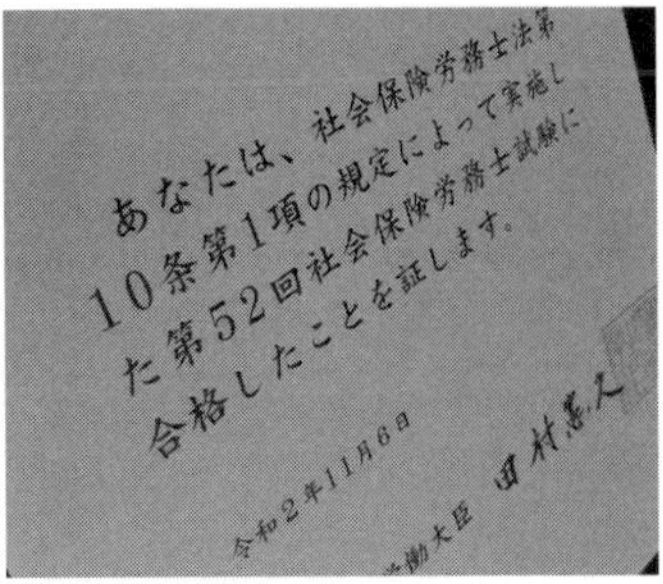

一〇回目の挑戦でようやく手にした社会保険労務士の合格証書。ミツルさんは「五〇歳を機にもう一度挑戦してみたい」と語る（写真：ミツルさん提供）

に未加入でしたが、そうした問題のある会社を少しでも減らしたい。それから、障害者雇用助成金の正しい使い方を知ってもらうことで、障害者の働く機会も増やしたい。制度について知識がないばかりに将来困る人を少しでも減らせる、社会に貢献できる仕事だと思ったんです」

診断をゴールではなく「きっかけ」に

ミツルさんは終始、落ち着いた話しぶりだった。ただ、昨年一一月六日の合格発表の日は、時間ぴったりに厚生労働省のホームページにアクセス。自分の番号を見つけたときは、「よっしゃ！」と声を上げ、ガッツポーズをしたという。

ミツルさんは今年秋の開業を目指している。幸か不幸か、現在勤めている知人の会社はつい最近解雇された。取材中、ミツルさんは自分に言い聞かせるように「大変なのはこれからだと思っています」と繰り返した。

たしかに会社員であれば解雇や雇い止めには労働関連法が一定のハードルを設けている。しかし、個人事業主である社会保険労務士は通告ひとつで契約解除される。

一方でこれは持論だが、発達障害と判明した人が診断をただの「ゴール」とするのか、それともミツルさんにように今後のための「きっかけ」とするのかで、人生のあり方は大きく違ってくる。それに本来制度を利用できる人が利用できていない行政の不作為ともいえる隙間は確かに存在する。そこには発達障害当事者、非正規雇用経験者でもあるミツルさんのような専門家の需要もまたあるのではないか。

五〇歳の新人社会保険労務士へのエールとしたい。

「一〇社以上でクビ」発達障害四六歳男性の主張

上司から「高卒より使えない」と叱責され続けた

今回紹介するのは「『早稲田政経卒「発達障害」二六歳男が訴える不条理』を読んで自分とそっくりだと思いました。作業が迅速にこなせずクビを告げられるか自分から辞める事を繰り返しています。」と編集部にメールをくれた、四六歳の男性だ。

「よくそんな暇あるね」と皮肉を言われた

発達障害のアキオさん（仮名、四六歳）は今年六月、働いていた会社を雇い止めにされた。実質的なクビだった。「作業を迅速にこなすことができないんです。気がつくと集中力が途切れて手が止まっていることがあります」。これまで、このようにして辞めさせられた会社は、アルバイトを含めると一〇社を超える。

最近、またしても雇い止めに遭ったアキオさん。自らの仕事ぶりについて「障害者雇用でしたが、やはり作業が遅いと言われました」と話す。（筆者撮影）

過去に強迫神経症と診断されたこともあり、さまざまな強迫行為を繰り返すことも作業の遅れに拍車をかけた。社内の郵便物を集配する仕事に就いていたときは、回収漏れはないと納得できるまで、空のトレーの前で二分以上確認を続けてしまう。トイレに行ったり、ウェットティッシュで手を拭いたりする回数が多すぎると注意を受けたこともある。実際にティッシュは一日約一五〇枚は使っていたという。

空気が読めない、明確な指示がないと動けないといった発達障害の特性による〝失敗〟もあった。仕事が遅れているのに、昼休みにソファーで新聞を読んでいて「よくそんな暇あるね」と皮肉を言われたことや、講演会の準備一式を任されたのに、肝心の講師への案内状を送り忘れたこともある。

「せっかく大卒を採用したのに高卒より使えない」

「伝票一枚入力するのに三〇分もかけないでよ！」

「今日が初日の新人より（作業が）遅いって、どういうこと？」

「別の仕事を探してくれないかな……」

いずれも、アキオさんがこれまで上司や同僚から直接言われたり、偶然耳にしてしまったりした言葉だ。

アキオさんが持参してくれた履歴書には「一身上の都合により退職」という言葉が並ぶが、実際のきっかけはこうした退職勧奨や陰口、叱責だったという。自分でも仕事が遅いという自覚はあったものの、自己肯定感は奪われる一方だった。

――調理実習ではキュウリを洗うことしかできなかった

アキオさんは千葉県出身。学校の成績は「中の上くらい」で、本や新聞を読むことが好きだった。一方で運動は苦手。引っ込み思案で友達は少なく、要領もよくはなかったという。子どもたちが数人の班に分かれて行う家庭科の調理実習では、何をやっていいのかわからず、てきぱきと役割をこなすクラスメートたちの横で、結局キュウリを洗うことしかできなかったことを覚えている。

関東圏の私立大学を卒業後、最初に勤めた会社は一年もたなかった。短期間に転職を繰り返すアキオさんを心配した両親から「今回は土下座してでも、続けさせてほしいと会社に頼みなさい」と言われたこともある。

ある会社を辞めたときは、両親に合わせる顔がないと思い、ネットカフェで夜を明かした。ところが、普段無断外泊などしないのでかえって心配をかけてしまった。翌朝、自宅に電話をすると、同じく一睡もしていなかった母親から「帰っておいで」と泣かれたという。

学校を卒業するまでは大きな問題はなかったのに、社会人になった途端、歯車が狂い始める――。言い知れない不安はアキオさんだけでなく、家族をもさいなんでいた。

――三〇代になり非正規雇用になることが増えた

二〇代半ばで精神科を受診したところ、強迫神経症と診断された。しかし、処方薬の副作用が強く、困った揚げ句別の病院で受診。ところが、そこの医師からは「本当の強迫神経症は、部屋にひきこもって出られなくなってしまうもの。あなたはそこまでではない」という趣旨のことを言われ、診断そのものを否定されてしまったという。当時はまだ医療関係者の間でも「大人の発達障害」への理解は不十分だった。

三〇代に入ってからは、転職先の雇用形態は非正規雇用になることが増えた。毎月の手取りは一五万円ほど。実家暮らしだからなんとか生活できる賃金水準に落ち込んだ。

ちょうどこのころ、発達障害のことを取り上げた新聞を読んだ両親から勧められ、再び精神科を受診。その後、数年間にわたっていくつかのクリニックに断続的に通い続けたところ、ある病院でようやく本格的な検査を受け、自閉スペクトラム症（ＡＳＤ）の診断を得ることができた。

「それまで、こんなに困っているのにどうしてとずっと悩んできました。（診断により）原因がわかってホッとしました」

――障害者雇用枠で転職したが…

クビと仕事探しを繰り返す生活に疲れはてていたアキオさんは、障害者雇用枠で働くためにできるだけ早く障害者手帳を取得したいと考えていた。本来、手帳の交付には初診日から六カ月以上経過していなければならない。診断を出してくれた医師に相談したところアキオさんの通院歴を基に、可能な範囲で初診日をさかのぼってくれたという。

早速、ある有名企業に障害者雇用枠で転職。ただ、その後も順調というわけにはいかなかった。実は今年六月に雇い止めにされたのは、この企業のことだ。一年更新の契約社員で勤続七年あまり。アキオさんのキャリアの中では最も長く働いた会社だった。

アキオさんはここでも作業時間の短縮などについてノルマを課されたが、結局改善ができず、雇い止めを示唆された。これに対し、普段から新聞を読んでいたアキオさんは労働契約法に基づく「無期転換ルール」の知識があったので、ダメもとで会社に無期転換の申し込みをしてみたという。無期転換ルールとは、有期雇用契約を更新して通算五年を超えると、無期契約への転換を求めることができるというものだ。

結局、抵抗むなしく雇い止めの決定は覆らなかった。しかし、本来無期契約申込権は五年を超えた時点で自動的に発生する権利であり、申し込みを受けた会社側は拒否することはできないとされている。会社がアキオさんをクビにするなら、いったん無期契約社員にしたうえで解雇をするのが、法律の趣旨に沿った対応のはずだ。

――「国民年金」と「厚生年金」の大きな壁

アキオさんの月収は約一五万円と決して高くはなかった。一方で障害者を雇用する企業にはさまざまな助成金制度など直接的なメリットも多い。会社は障害者を使い捨てたと言われても仕方がない。上司たちには後ろめたいことをしているという自覚があったのかもしれない。アキオさんは退職にあたり「一連の経緯を第三者に明かさない」といった旨の守秘義務を盛り込んだ合意書に署名するよう、求められたという。

食べながら話す、ということが難しい様子のアキオさん。ようやくスプーンを手にしたのは、ドリアが出されてから一時間以上が過ぎたころだった（筆者撮影）

アキオさんは現在、失業保険を受けながら仕事を探している。年齢的に就職活動が厳しくなるにつれ、不安になることがあるという。発達障害に関する初診日の時点で加入していたのが国民年金だったことから、障害年金の受給が難しいのではないか、ということだ。

——初診日に加入していた年金の種類で、補償が異なる

障害年金は、初診日に加入していた年金が国民年金か厚生年金かで、対象範囲や受給金額に違いがある。障害年金の等級は障害の重さに応じて一～三級まであるが、三級があるのは厚生年金だけ。金額も一級の場合、国民年金は月額約八万一〇〇〇円なのに対し、厚生年金は加入期間によっても異なるが、月額で一五万円を超えることもある。

アキオさんの場合、診断日は厚生年金だったが、初診日は失業中で国民年金に加入していた。初診日をさかのぼってもらったことが、あだとなったわけだ。障害者手帳と障害年金の等級の判定方法は別だし、手帳がなくても障害年金の申請をすることはできる。ただアキオさんの障害者手帳は三級。年金受給には、

国民年金の「障害基礎年金二級」の判定を得る必要があるが、医師からはそれに相当する診断書を書くことは難しいとの説明を受けている。

「障害者雇用の給料は高くはありません。わずかでも障害年金で補えると、少しは安心できるのですが……。（身体障害などと違って）発達障害の症状は基本的に変わらないと思うんです。初診日に加入していた年金の種類によって、ここまで手厚さに違いがあるのは、納得ができません」

「せめて同じ場所で息をすることを許してほしい」

アキオさんにはファミリーレストランで話を聞いた。質問に対する答えはとても的確で流暢だった。一方でアキオさんは注文したドリアにいつまでも手を付けなかった。私が何度「冷める前に食べてください」と勧めても、スプーンを手に取ろうとしないのだ。話すことと、食べることの二つを同時にこなすことが難しい様子だった。

また、取材後、アキオさんからは「取材時説明内容の補足」と題した長いメールが何通か届いた。上司らの発言のささいなニュアンスの訂正のほか、障害に対する配慮をしてくれたり、飲みに連れて行ってくれたりした上司もいたので、会社のことをあまり悪く書かないでほしいといったことがつづられていた。

初診日をさかのぼってくれた医師についても迷惑がかからないよう、書き方に配慮してほしいとリクエストされた。

そのたびに返事を書かなければならない私にしてみると、効率という点では決してよいとはいえなかった。一方でアキオさんの優しい人柄も伝わった。ただ一〇社以上も転職せざるをえなかったキャリアを考えると、こうした誠実さは現在の社会や会社が求めるものではないのかもしれないとも思う。

発達障害の人の生きづらさについて記事を書くと、時々「発達障害の上司や部下を持つほうの身にもなってほしい」といった感想が寄せられることがある。そうした主張を理解できないわけではない。ただ、発達障害の同僚を持つ大変さに共感できたとしても、結局、社会がたどり着く先にあるのは〝排除の理論〟なのではないか。

アキオさんは記事を通してこう伝えてほしいという。

「面倒かもしれませんが、社会に居場所をつくってもらえると助かります。私のことを理解してほしいとは言いません。せめて同じ場所で息をすることを許してほしい」

おわりに

本書の基となった「ボクらは『貧困強制社会』を生きている」の連載がスタートしてまる五年がすぎた。書き続けてきて、ひとつよかったと思っていることがある。それは連載当初に比べてとんちんかんな「貧困バッシング」が減ったと感じることだ。

ネット媒体での連載なので、読者はパソコンや携帯から簡単にコメントを投稿することができる（連載の途中からコメント投稿には一定のルールができた）。連載を始めたころは「お金がないのに、どうして東京の私立大学に入るのか」とか、「自分も中卒だが、カップラーメンだけを食べてがんばって医学部に合格した。（記事に登場する）この人には我慢がたりない」とか、「私もシングルマザーだが、トリプルワークをして死に物狂いで子どもを育てています。（記事に登場する）男性の母親は考えが甘いと思います」といった、典型的な自己責任論に基づくバッシングが本当に多かった。

医学部に入ったと称する人の「上から目線」のコメントにもイラっとさせられるが、トリプルワークをしているシングルマザーのように、生活困窮の状態にある人が同じように理不尽な貧困を押し付けられた人をたたくといった構図のコメントには、そのたびにやりきれない思いがした。

ところが、ここ一、二年だろうか。こうしたバッシングが気持ち減ったような気がするのだ。コロナ禍の中で「明日は我が身」と感じる人が増えたのか。一方で貧困問題については、私以外にも多くの記者が書き続けてきた。貧困や困窮状態に陥る理由が、必ずしも自己責任論だけでは語れないということがようやく伝わりつつあるのかもしれない。

それよりも最近気になるのは、「悪いのは自分」「自分で選んだ責任は自分で取ります」などと語る貧困の当事者が、若者を中心に目立ってきていることだ。自己責任論の内在化である。これも今に始まったことではない。ただ以前のような激烈な貧困バッシングが目立たなくなる一方で、社会に向かって声を上げることを諦めてしまった人が増えつつあるように思う。

いずれにしても、「貧困強制社会」が劇的に改善される気配は、今のところなさそうだ。

本連載はタイトルのとおり、登場するのは男性だけである。その理由は、東洋経済オンラインにおける女性の貧困をテーマにした連載は別にあるという、まったくもって媒体側の事情であることをお許し願いたい。

女性の貧困については、もともと女性の非正規率のほうが高く、平均年収も低いといった深刻な問題がある。今回のコロナ禍でも、性風俗業が貧困の〝受け皿〟になってしまう社会構造があらためて浮き彫りとなった。女性の場合はここに、DV（ドメスティックバイオレンス）や介護、子育ての問題が加わることもある。背景にある構造的な問題は男女ともに同じなのだが、女性のほうがより過酷で複雑な貧困を強いられているといえるだろう。女性の貧困問題については重要なテーマとして、私自身、今後とも追いかけ続けていきたい。

本連載を続ける中で、いつも的確なアドバイスをくれた東洋経済オンライン編集者の高部知子さんに感謝する。また、長く続けてきた連載を一冊の本として世に送り出す機会をくれた有限会社くんぷる代表の浪川七五朗さんにもお礼を述べたい。

東洋経済インライン初出一覧

手取り一五万円を超えられない四七歳男性の深い闇（二〇二〇年一月一〇日）
妻からも見放された三四歳男性派遣社員の辛酸（二〇一七年七月一三日）
「日雇い派遣」で食い繋ぐ三四歳男性の壮絶半生（二〇一八年三月七日）
フリーランスを志す三一歳男性の「夢と現実」（二〇一九年五月一〇日）
「ないない尽くし」非正規公務員の悲惨な実情（二〇一八年一二月一九日）
公立病院でブラック労働させられた男性の告発（二〇二〇年四月一五日）
「困窮支援相談員」の呆れるほどに悲惨な待遇（二〇二〇年一一月二三日）
四八歳「市の臨時職員」超ブラック労働の深刻（二〇一八年六月五日）
月収一二万円で働く三九歳男性司書の矜持と貧苦（二〇二一年八月八日）
五五歳郵便配達員に生活保護が必要な深刻理由（二〇一六年七月二一日）
「コロナ感染でクビ」三〇歳男性が怯える理由（二〇二一年五月六日）
四〇歳料理人をクビにした社長の酷すぎる言い分（二〇二〇年六月一二日）
収入ゼロでも「生活保護は恥ずかしい」男の心理（二〇二〇年六月二六日）
早稲田政経卒「発達障害」二六歳男が訴える不条理（二〇二〇年一〇月一六日）
壮絶な「いじめの記憶」に苦しむ四七歳男性の叫び（二〇二一年六月二五日）

五〇歳の発達障害男性「社労士合格」に見た希望（二〇二一年二月五日）

「一〇社以上でクビ」発達障害四六歳男性の主張（二〇二〇年一〇月一六日）

（本書で収録した記事内での名称、年齢、肩書などは取材当時のものです。）

藤田和恵

ジャーナリスト。1970年、東京生まれ。北海道新聞社会部記者を経て2006年よりフリー。事件、労働、貧困問題を中心に取材、執筆活動を続けている。著書に「民営化という名の労働破壊」（大月書店・2006）、「ルポ　労働格差とポピュリズム　大阪で起きていること」（岩波ブックレット・2012）、共著に「UNITE！そうだ労組、行こう。」（学習の友社・2018）」など

不寛容な時代　ボクらは『貧困強制社会』を生きている

2021年8月20日初版発行
著者　藤田和恵
発行所　（有）くんぷる
印刷製本　モリモト印刷株式会社
ISBN978-4-87551-055-0

本書へのお問い合わせはinfo@kumpul.co.joへメールまたは
042-725-6028へFAXにてお願します。定価はカバーに記載しています。